服务礼仪
FUWU LIYI

■ 主　编　莫小红　于超越
■ 副主编　廖剑薇　杨　倩

哈尔滨工业大学出版社
HARBIN INSTITUTE OF TECHNOLOGY PRESS

图书在版编目(CIP)数据

服务礼仪/ 莫小红，于超越主编. — 哈尔滨：哈尔滨工业大学出版社，2024.11.— ISBN 978-7-5767-1783-9

I. F719

中国国家版本馆CIP数据核字2024RG6381号

插图作者：李　行（顺德职业技术学院设计学院教师）
配图拍摄：王　敏（顺德职业技术学院23级传播与策划专业学生）
配图演员：彭域桐（顺德职业技术学院23级酒店管理与数字化运营专业学生）
　　　　　董富辰（顺德职业技术学院23级旅游管理专业学生）
　　　　　郑文彬（顺德职业技术学院22级旅游管理专业学生）
　　　　　袁淑仪（顺德职业技术学院22级旅游管理专业学生）

服务礼仪
FUWU LIYI

策划编辑　李艳文　范业婷
责任编辑　佟　馨
出版发行　哈尔滨工业大学出版社
社　　址　哈尔滨市南岗区复华四道街10号　邮编150006
传　　真　0451-86414749
网　　址　http://hitpress.hit.edu.cn
印　　刷　哈尔滨市石桥印务有限公司
开　　本　787毫米×1 092毫米　1/16　印张14.25　字数217千字
版　　次　2024年11月第1版　2024年11月第1次印刷
书　　号　ISBN 978-7-5767-1783-9
定　　价　49.80元

（如因印刷质量问题影响阅读，我社负责调换）

课程简介
COURSE DESCRIPTION

《服务礼仪》作为一本专为提升服务行业从业者职业素养与礼仪水平而精心编撰的教材,由拥有26年深厚教学经验的资深高校礼仪教师担纲主编。本书紧密贴合时代脉搏,深度融合中华优秀传统文化精髓,旨在培育一批拥有阳光心态、卓越职业形象、深厚职业素养及崇高职业道德的杰出人才。

全书逻辑清晰,结构严谨,共分为七大章节,循序渐进地展开服务礼仪的全方位探索。首章聚焦于服务礼仪的时代价值,为后续章节奠定坚实的理论基础。随后,逐步深入到职业形象塑造、服务人员日常交际礼仪的细腻讲解,再至服务流程的优化策略,最终细化至各岗位特有的礼仪规范,构建起一个既全面又深入的服务礼仪知识体系。

为增强学习的趣味性与深度,每章开篇均精选中华优秀传统文化的经典故事作为引子,不仅帮助学生掌握礼仪的具体规范与技巧,更引导他们追溯礼仪背后的历史脉络与文化底蕴,从而在心灵深处建立起对礼仪的敬畏与认同,促进文化自信与职业素养的双重提升。

章节内部,内容细分为多个小节,每节紧密围绕核心知识点展开,通过深入浅出的方式详细阐述礼仪的基本理论与

原则，确保知识的连贯性、系统性与深度。同时，教材创新性地融入了多元化的能力训练环节，包括案例分析、实战模拟、巩固练习及即时检测等，这些环节相互衔接，形成闭环，旨在通过理论与实践的紧密结合，全方位提升学生的理论认知与实践操作能力，确保服务礼仪知识能够真正内化于心、外化于行。

尤为值得一提的是，本教材特别强调了中华优秀传统文化的融入，使现代服务礼仪教学焕发出深厚的文化底蕴的独特魅力。此外，还明确设置了课程思政目标与元素，旨在通过礼仪教育，不仅提升学生的专业技能，更在潜移默化中培养其职业道德、服务意识与社会责任感，实现立德树人的教育目标。

综上所述，《服务礼仪》是一本集理论深度与实践应用于一体的教材，广泛适用于职业专科、职业本科服务类专业学生，服务行业从业者及广大对礼仪文化感兴趣的读者，是提升个人职业素养、塑造良好职业形象的必备指南。

前　言

PREFACE

"礼之用，和为贵。"

礼仪不仅是人际交往的润滑剂，更是社会和谐、文明进步的重要标志。在当今社会，随着服务业的迅猛发展，服务礼仪更是成为每个从业者必须掌握的基本技能。

在竞争日益激烈的市场环境中，服务质量的高低直接关系到企业的兴衰成败。而服务礼仪作为服务质量的重要组成部分，更是决定了客户体验和满意度的关键因素。因此，提升服务礼仪水平，不仅是服务行业从业者的个人需求，更是企业提升竞争力、赢得市场的必然选择。

作为一名长期致力于礼仪教学的高校教师，深感服务礼仪教育的重要性和紧迫性。多年来，我通过教授"旅游接待服务礼仪"课程，不断探索和创新教学方法，努力提升学生的服务礼仪素养。该课程荣幸地被立项为2023年广东省高职院校课程思政示范课程，这既是对我教学工作的肯定，也是对我未来教学工作的激励。

在此基础上，我携同本学院的同事一起编写了这本《服务礼仪》教材。本教材旨在为广大读者提供一本系统、全面、实用的服务礼仪学习指南。通过深入挖掘中华优秀传统文化的精髓，结合现代服务行业的最新理念和实践经验，本教材力求为读者呈现一个既传统又现代、既经典又实用的服务礼

仪知识体系。

本教材具有以下几个特点：一是内容丰富全面，涵盖了服务礼仪的各个方面；二是注重实用性和可操作性，通过大量的案例分析和实践训练题目，帮助读者更好地理解和掌握服务礼仪的精髓与技巧；三是注重课程思政目标的融入，在传授服务礼仪知识的同时，培养学生的职业道德、服务意识和社会责任感；四是采用启发式和互动式的教学方法，鼓励学生积极参与课堂讨论和实践训练，提高他们的自主学习能力与创新精神。

本教材适用于本科院校、高等专科学校等各专业的学生作为礼仪教材使用。同时，对于市场营销人员、酒店餐饮人员、商业服务人员、公共关系人员等各界人士来说，本教材也是一本提高礼仪素养、服务能力的宝贵阅读材料和训练手册。本书由莫小红统筹，具体内容编写分别是：课程简介、前言、第一章和第七章的第一小节由莫小红编写，第二章、第六章由廖剑薇编写，第三章、第四章由杨倩编写，第五章和第七章第二小节由于超越编写。

在编写本教材的过程中，我们参考了大量报刊文献及相关的网站资料，吸收了国内学者最新的研究成果。在此，我们要向所有为本书提供指导和帮助的专家、学者表示衷心的感谢。同时本书的出版也得到了哈尔滨工业大学出版社的大力支持和帮助，使本书能够顺利出版并与广大读者见面，在此一并致谢。

"学而不厌，诲人不倦。"希望这本《服务礼仪》教材能够为广大读者提供持久的学习动力，激发他们对服务礼仪的热爱与追求。愿每一位读者都能在服务中践行礼仪之道，共同书写文明社会的美好篇章。

编者　莫小红
2024 年 6 月 26 日

目 录　CONTENTS

第一章　品读礼仪：厚德明礼，启智润心 /001

第一节　礼仪内涵，厚礼明德 /004
第二节　礼仪作用，塑形铸魂 /011
第三节　服务新篇，创新升华 /018

第二章　形象礼仪：职业形象，仪态端方 /025

第一节　仪容之礼，心正颜和 /027
第二节　着装之礼，形正衣雅 /042
第三节　配饰之礼，点缀得体 /050
第四节　仪态之礼，态正仪端 /053

第三章　表情礼仪：表情达意，礼待宾客 /077

第一节　目光之礼，意切神专 /080
第二节　微笑之礼，宾至心暖 /083

第四章　位次礼仪：位分尊卑，次序井然 /088

第一节　行进位次，尊序礼导 /092
第二节　座次之礼，井然不紊 /100

第五章　服务流程：抱诚守真，不卑不亢 /111

第一节　见面之礼，诚挚为先 /114
第二节　沟通之礼，言之有礼 /130
第三节　接待之礼，热情周到 /136
第四节　拜访之礼，谦恭有礼 /140

第六章　通信礼仪：虑周藻密，礼尚往来 /148

第一节　电话之礼，礼音悦耳 /151
第二节　微信之礼，文雅有节 /155
第三节　电邮之礼，敬文谨事 /160

第七章　岗位礼仪：谈吐合知，举止得体 /168

第一节　酒店岗位服务礼仪 /171
第二节　旅游岗位服务礼仪 /210

参考文献 /220

第一章
品读礼仪：厚德明礼，启智润心

礼仪指引

自古以来，礼仪便是人类社会不可或缺的一部分，它如同文明的织锦，贯穿于生活、工作和社交的方方面面。在漫长的历史长河中，礼仪不仅塑造了人们的行为规范，更成为传承文化、促进和谐的重要纽带。而在服务行业中，服务礼仪更是扮演着举足轻重的角色，其重要性不言而喻。

《论语》有云："礼之用，和为贵。"此言道出了礼仪的核心价值——和谐。在人们的日常生活中，礼仪的规范使得人们的行为有了可遵循的准则，减少了摩擦与冲突，促进了人际关系的和谐。在工作中，践行礼仪的严谨与得体，不仅展现了个人修养，更能够赢得同事和上级的尊重与信任，为职业生涯的顺利发展奠定坚实基础。

在服务行业中，服务礼仪的重要性更是凸显无疑。服务行业的本质就是满足客户的需求，而服务礼仪则是实现这一目的的重要手段。一位优秀的服务工作者，不仅要有专业的知识和技能，更要具备良好的服务礼仪。他们通过热情周到的服务、得体的言谈举止，让客户感受到尊重与舒适，从而建立起良好的客户关系。正如《论语》所言："己所不欲，勿施于人。"服务礼仪正是这一思想的体现，它要求服务人员从客户的角度出发，尊重客户的需求和感受，提供优质的服务。

此外，服务礼仪还能够提升企业的形象和品牌价值。一个注重服务礼仪的企业，不仅能够赢得客户的信任与好感，更能够在激烈的市场竞争中脱颖而出。正如《孙子兵法》所说："上下同欲者胜。"当企业内部的员工都遵循服务礼仪的规范时，企业就能够形成一股强大的凝聚力，共同为客户提供优质的服务。

知识目标

1. 理解礼仪的概念及其在人际交往中的重要性，掌握礼仪文化的历史渊源和核心内容。
2. 了解服务的早期形式及其词汇演变，明确服务的本质与扩展，掌握服务的定义及其特性。
3. 深入了解服务礼仪的概念、作用及其在服务行业中的应用，熟悉服务礼仪的基本原则。
4. 掌握服务的"心"视界和"心"维度的具体内容，理解服务的阳光心态及其在服务实践中的应用。

能力目标

1. 能够运用服务礼仪的原则，在服务过程中展现出尊重、平等、真诚、宽容、从俗和适度的态度。
2. 能够在服务实践中运用"首问思维"和"阳光心态"，提升客户满意度，增强企业竞争力。

素质目标

1. 培养尊重他人、平等相待、真诚待人、宽容包容、尊重习俗的礼仪素质。
2. 培养服务意识，提升职业素养，增强对服务行业的认同感和归属感。
3. 培养阳光心态，面对工作中的挑战和困难时保持积极、乐观、热情的态度。

思政目标

1. 传承和弘扬中华优秀传统文化中的礼仪文化，增强文化自信。

2. 培养学生的职业道德和社会责任感，树立正确的价值观和人生观。

3. 引导学生理解服务行业的价值和意义，尊重劳动成果，尊重服务人员。

 经典传诵

子贡赎人

鲁国之法，鲁人为人臣妾于诸侯，有能赎之者，取其金于府。子贡赎鲁人于诸侯，来而让，不取其金。孔子曰："赐失之矣。自今以往，鲁人不赎人矣。"取其金，则无损于行；不取其金，则不复赎人矣。子路拯溺者，其人拜之以牛，子路受之。孔子曰："鲁人必拯溺者矣。"

——《吕氏春秋·先识览·察微篇》

经典启示

孔子认为子贡做错了，因为他担心如果子贡这样高尚的行为被当作榜样，其他人可能会因为不好意思接受国家的补偿金而不再去赎回沦为奴隶的鲁国人。孔子认为，领取补偿金并不会损害一个人的品行，但不领取可能会导致更多的人不再愿意进行这样的善举。

这个故事强调了在社会行为中平衡个人道德与社会效益的重要性。

小格言

国尚礼则国昌，家尚礼则家大，身尚礼则身修，心尚礼则心泰。

——（清·颜元）

第一节

礼仪内涵，厚礼明德

一、什么是礼仪

礼仪是在人际交往中，为了表示尊重、敬意、友好和和谐，而遵循的一系列规范、准则和习俗。它涵盖了人们在不同社交场合中应该遵循的行为规范、仪态举止、言谈方式以及仪式程序等方面。

礼仪不仅仅是表面的仪式和形式，更是一种内在的文化素养和道德修养的体现。它体现了人与人之间互相尊重、平等相待的精神，有助于增进彼此之间的了解和信任，促进人际关系的和谐与发展。

礼仪在不同的文化和社会背景下具有不同的特点和表现形式。它包括着装打扮、言行举止、礼节仪式等方面，以及在不同的场合下应该遵循的特定规则和习俗。

（一）礼仪文化的历史渊源

中国的礼仪文化源远流长，可以追溯到远古时期。在原始社会，人们通过礼仪来表达对自然的敬畏之情，以祈求生活的平安和丰饶。随着社会的发展，礼仪逐渐渗透到人们的日常生活中，形成了丰富多彩、独具特色的礼仪文化。

在夏、商、周三代，礼仪文化得到了进一步的发展和完善。这一时期，礼仪不仅用于社会交往，还成为国家政治生活的重要组成部分。孔子等儒家学者对礼仪进行了深入研究和阐述，将其与道德修养、政治理想紧密联系在一起，使礼仪文化得到了更加广泛和深刻的传承。

礼仪的发展是一个复杂而漫长的过程，它随着人类社会的发展而不断发展变化。从起源时期的简单和虔诚，到形成时期的日趋完善，再到变革时期的分化和发展，强化时期的普及和进一步的巩固，最后到现代时期的简化和实用，礼仪始终在人类社会中扮演着重要的角色。

（二）礼仪文化的核心内容

中国的礼仪文化包括了许多方面的内容，其中最为核心的是尊重、谦虚、和谐、诚信、感恩、礼貌等价值观，这些价值观贯穿于人际交往的各个环节，指导着人们的行为举止。

1. 尊重

在中国文化中，尊重是礼仪的核心。人们尊重长辈、尊重师长、尊重他人，通过尊重来表达对他人的敬意和关注。同时，尊重也体现了对自己身份的认同和自信。

2. 谦虚

谦虚是中国人的传统美德之一。在礼仪文化中，谦虚表现为不自大、不傲慢、不炫耀自己的成就和财富。人们通过谦虚来展现自己的修养和风度，同时也能够获得他人的尊重和信任。

3. 和谐

和谐是中国文化的重要理念之一。在礼仪文化中，和谐表现为人与人之间的相互理解、包容和支持。人们通过遵守礼仪规范、尊重他人、关心他人来营造和谐的社会氛围。

4. 诚信

诚信是礼仪文化中的重要元素之一。在人际交往中，要诚实守信、言行一致，不欺骗、不撒谎、不违背承诺。

5. 感恩

感恩是一种美德和修养。要感恩他人的帮助和支持，回报社会、回报他人对自己的恩情。

6. 礼貌

礼貌是礼仪文化的外在表现。在中国文化中，礼貌被视为一种美德和修养。人们通过礼貌的言谈举止来表达对他人的尊重和关心，同时也能够赢得他人的好感和信任。

（三）礼仪文化的现代意义

在现代社会，虽然人们的生活方式和价值观念发生了很大变化，但礼仪文化仍然具有重要意义。首先，礼仪文化有助于维护社会秩序和人际关系。通过遵守礼仪规范，人们能够更好地处理人际关系、化解矛盾冲突、营造和谐的社会氛围。其次，礼仪文化也是中国传统文化的重要组成部分。通过传承和弘扬礼仪文化，能够更好地传承和弘扬中华优秀传统文化、增强文化自信、提升文化软实力。最后，礼仪文化还有助于提升个人素质和修养。通过学习和践行礼仪规范，能够更好地塑造自己的形象、提升自己的气质和修养、赢得他人的尊重和信任。

因此，在继续弘扬和传承中国的礼仪文化，让它在现代社会中发挥更大的作用的同时，也应该结合时代特点和社会发展需要，对礼仪文化进行创新和发展，使其更加符合现代社会的需求和人们的期望。

（四）礼仪的分类

礼仪可分为古代礼仪和现代礼仪两大类。

1. 古代礼仪分类

（1）五礼之说。

①吉礼：祭祀之事，祈求吉祥。

②喜礼：冠婚之事，包括成年礼（冠礼）和婚礼。

③宾礼：宾客之事，诸侯朝见天子及诸侯间互相拜访的礼仪。

④军礼：军旅之事，包括军队操练征伐之礼、校阅、刑赏、凯旋、献俘等。

⑤凶礼：丧葬之事，用于吊慰的礼仪活动。

（2）人生礼仪。

①生：诞生礼，庆祝新生命的到来。

②冠：冠礼，古代男子的成年礼。

③婚：婚礼，男女缔结婚姻的仪式。

④丧：丧葬礼，悼念逝者的仪式。

2. 现代礼仪分类

（1）政务礼仪。

政务礼仪是国家公务员在行使国家权力和管理职能时所必须遵循的礼仪规范。它涵盖了国家公务活动中的各个方面，如会议礼仪、接待礼仪、公文礼仪等。

（2）商务礼仪。

商务礼仪是在商务活动中体现相互尊重的行为准则。它涉及商务会议、商务谈判、商务接待、商务拜访等各个环节，是商务活动中不可或缺的一部分。

（3）服务礼仪。

服务礼仪是指服务行业的从业人员应具备的基本素质和应遵守的行为规范。它要求服务人员在提供服务时，以礼貌、热情、周到的态度对待客户，为客户提供优质的服务体验。

（4）社交礼仪。

社交礼仪是人们在社交场合中应遵循的礼仪规范。它涵盖了人际交往的各个方面，如称呼、问候、道谢、致歉等，旨在帮助人们建立良好的人际关系。

（5）职业礼仪。

在职场中应该遵守的行为规范，包括工作着装规范、办公场所礼仪、上下级关系的处理等方面。

（6）涉外礼仪。

涉外礼仪是在国际交往和对外活动中应遵循的礼仪规范。它涉及不同国家和地区的文化习俗、礼仪习惯等方面的差异，要求人们在涉外活动中尊重他国文化，遵守国际礼仪规范。

总结来说，礼仪的每种分类方式都有其特定的适用范围和重要性，共同构成了礼仪文化的丰富内涵和广泛应用。

二、什么是服务

（一）服务的早期形式

服务礼仪的概念

服务的活动在人类历史上早已存在，但在古代中国，服务并没有作为一个独立的概念被明确提出，而是融入了日常生活和社会结构之中。根据可靠的文献记载，服务活动的起源可以追溯到数千年前。

1. 商贸活动的早期形式

《尚书·益稷》中提到大禹治水后的商贸活动，即"暨稷播，奏庶艰食鲜食，懋迁有无，化居"（大意为大禹在灾荒之时，既倡导农业生产，又组织商贸为民众提供谷物和肉食）。这反映了在灾荒之时，人们不仅进行农业生产，还组织商贸活动，为民众提供谷物和肉食。这种商贸活动可以视为服务的一种形式，因为它满足了人们的基本生活需求。

2. 伦理与道德中的服务理念

在古代中国的伦理和道德体系中，服务也占有重要地位。例如，《论语·为政》中提到的"有事，弟子服其劳"，体现了晚辈对长辈的服务和尊敬。这种服务理念强调了人与人之间的互助和尊重，是服务精神的重要体现。

（二）服务的词汇演变

1. "服"与"务"的原始含义

在古代汉语中，"服"和"务"两个字各自有其独立的意义。"服"通常指服饰、穿戴等，而"务"则指事务、工作等。这两个字并没有合并使用来表达服务这一概念。

2. "服务"词语的形成

汉语中本没有服务这个词。在古代，把为别人做事情称为侍奉、服侍、伺候等，那总是一种由下而上的工作，或者说是下等人的工作。但汉语中是有"服"和"务"这两个字的，"服"乃外着之衣，与华服等同，华夏者乃着华服之人也，可见"服"是高于"衣"的。"务"原本是一个名词，任务，但逐渐动词化，就有了务工务农之说。服务，放在一起作为一个词组，源于日语，始于近代，其含义为着华丽服装从事服侍他人之工作，此词乃英文"servise"的日文音译，随着中日文化的交流,"服务"这个词逐渐被引入中文,并逐渐成为一个独立的词。

服务已经是种业态,是一种人与人关系的业态,甚至是人与人交流的重要方式。服务已成为一种完全平等的人与人的关系,因此相互的尊重非常重要,这不单纯是一句话,而应该有意识地遵从。

(三) 服务的本质与扩展

服务的本质在于为他人提供帮助、满足需求或解决问题。在古代中国,服务的范围和形式可能相对有限,但随着社会的发展和变迁,服务的范围和形式也在不断扩展和变化。

1. 服务在家庭和社会中的角色

在古代中国,服务在家庭和社会中扮演着重要角色。家庭成员之间的互助、邻里之间的帮助以及官员对民众的服务等,都是服务精神的体现。这种服务精神不仅促进了家庭和社会的和谐稳定,也体现了人与人之间的互助和尊重。

2. 服务范围的扩展

随着社会的发展和变迁,人类活动逐渐增多,社会分工日益精细,人与人之间的依赖程度也越来越高,服务在人们的生活中变得越来越重要,从简单的体力劳动到复杂的知识技能服务,从家庭服务到社会服务,服务的内涵和外延都在不断演变。这种演变不仅反映了社会的进步和发展,也为人们提供了更加多元化和个性化的服务选择。在我国古代社会中很早就存在形形色色的服务者,他们提供各种各样的服务,例如:

(1) 古代旅馆业服务。

中国古代旅馆业历史悠久,南北朝著名诗人谢灵运在《游南亭》一诗中写道:"久痗昏垫苦,旅馆眺郊歧。"可见在南北朝时,已经出现了"旅馆"一词。在服务文化方面,我国古代旅馆有着极其深厚的文化内涵以及浓郁的人文色彩。

①宾至如归——服务中的人性化与人情味。早在公元前542年,《左传·襄公三十一年》中就描述道:"宾至如归,无宁灾患,不畏寇盗,而亦不患燥湿。"意指,顾客来到店里就如同回到家中,不用担心灾患,不用害怕强盗,也不用担心冷了热了潮了湿了等。简言之,就是要在对客服务中,让顾客体验到家人

一般的精心照料，其实质是更加重视顾客的心理需求、心理感受和心理体验，这是一种极其重视人性化，具有很强的人情味的服务理念。

②地位低下——对"服务"及"服务者"的认可度低。中国古代历来强调三纲五常的等级制度，人们对职业的划分也是按照等级进行的，除了"重农抑商"的管理模式，还强调"义重于利"的社会价值观，因此造成了人们对商业特别是服务业的社会认可度低。服务行业整体社会地位低，经营旅馆的店主和服务人员自然而然在社会地位、舆论习俗等方面备受歧视。他们不但与各级官吏和贵族分属对立的贵贱阶级，而且连一般的平民百姓也不如，甚至在服装上，也有苛刻的规定，禁止旅馆从业人员穿绫、罗等高级布料。由此可见，中国古代对服务的认识不足。

（2）古代图书业服务。

商业出版活动存在于我国古代出版体系的各个阶层，而最具代表性的是书坊刻书体系。坊刻以其敏锐的市场眼光、灵活的经营手法、独到的读者服务意识而独树一帜，其刻书之繁多、分布地域之广泛、从业者之众多、经营手段之多样，令官刻、私刻难以望其项背，可以说有了书坊刻书才有了我国古代出版业的兴盛与繁荣。大量的古代出版史料表明，读者服务意识贯穿了商业出版的整个经营活动。

除了上述行业的服务，我国早在两千多年前的西周时代就有法律服务、气象服务等，对这些服务以及涵盖的相关含义，要"取其精华，去其糟粕"，充分理解并发扬优秀的文化传统，以服务赢得客人，用服务创造效益。

（四）服务的定义

什么是服务？根据1991年国际标准化组织（ISO）发布的ISO 9004-2：1991《质量管理和质量体系要素 第2部分：服务指南》中对服务做出的定义：服务是为了满足顾客的需求，这是服务提供的核心目的。服务不仅包括供方与顾客接触的活动，也包括供方内部活动所产生的结果。即指的是为满足客户的需要，与他人之间的一种有偿或无偿的活动。这种活动一般不以实物形式，而是以提供活劳动的形式满足他人的某种特殊需要。

三、什么是服务礼仪

服务礼仪是服务人员在工作中,通过言谈、举止、行为等,对客户表示尊重和友好的行为规范。它不仅仅是外在的行为表现,更是服务人员内心对客户的尊重、关注和体贴的直观展现。通过细致入微的服务礼仪,服务人员能够表现出专业、热情、耐心的服务形象,使客户在享受服务的过程中感受到温暖和舒适。

在如今竞争激烈的商业环境中,现代企业已经不再仅仅满足于产品的竞争,服务的竞争也占据了极其重要的地位。在当今消费者主导的市场中,提供优质的产品是基础,但提供卓越的服务则是赢得客户忠诚、提升品牌价值和长期竞争优势的关键。随着消费者需求的日益多元化和个性化,服务的质量和体验成为企业吸引和留住客户的关键因素。

讲究服务礼仪是提升服务品质的重要途径之一。通过讲究礼仪,服务人员能够展现出对客户的尊重和关注,从而建立起一种和谐、信任的关系,这种关系有助于提升客户的整体体验,进而提升服务的品质和口碑。

第二节

礼仪作用,塑形铸魂

服务礼仪的作用

以礼明智

在当今竞争激烈的市场环境中,越来越多的企业深刻意识到服务的重要性。客户的需求不再仅仅停留在产品本身,他们更期待在每一次互动中都能获得愉悦和满足的体验,而服务礼仪,正是满足这一期待的关键所在。

服务礼仪不仅代表着企业的形象和态度，更是企业与客户沟通的桥梁，体现在如何在服务中展现出尊重、专业与关怀，使每一次交流都成为客户心中的温暖记忆。通过掌握细致入微的服务礼仪，能够更好地理解客户的需求，满足他们的期待，从而建立起深厚的信任关系。

一、服务的特性

服务是指在满足顾客需求的基础上，提供一种价值的方式。服务的特征包括以下几点：

1. 无形性

服务是一种行为或绩效，通常是看不见、摸不着的，消费者购买服务后，获得的是一种体验或感受，其无形性是服务与有形产品最基本的差异。服务的无形性使客户在购买服务前难以感知和评估其质量，因此，服务的品质和特点不能像产品一样通过外观和质量等特征来确定，服务提供者需要借助其他有形因素（如服务环境、服务人员等）来增强服务的可感知性。

比如，在旅游领域，游客购买一次旅行服务，他们得到的并非实物，而是整个旅行过程中的体验，如欣赏的风景、体验的文化差异、享受的酒店服务等。在酒店方面，客人入住酒店，得到的并非是具体的商品，而是房间的使用权、床铺的舒适度等无形的服务。

当客人入住酒店后，他们并不会直接看到或触摸到所有的服务过程，但会感受到其带来的舒适和便利。例如，客人在离开房间后，酒店的服务人员会进行房间清洁，并在客人返回时提供一个整洁、舒适的居住环境。这种服务是无形的，因为它是在客人不在场的情况下进行的，但客人却能在后续的使用中感知到其效果。

2. 差异性

服务由人来完成，且受人为因素影响很大。即使服务流程、服务标准等制定得再完善，由于服务提供者的不同、服务时间的不同、服务地点的不同等因素，服务质量也难免存在较大的差异。因此，企业需要对服务人员进行严格的培训和管理，以确保服务质量的稳定和一致。

经典案例

假设有两家同类型的餐厅，A 餐厅和 B 餐厅，它们提供相同的菜品和相似的价格，但客户体验却大相径庭。

服务提供者的差异性：A 餐厅的服务员都经过专业的培训，态度热情、专业，能够准确、快速地响应客户的需求。而 B 餐厅的服务员则显得相对随意，有时候甚至会出现疏忽或错误。例如，客户在 A 餐厅点餐时，服务员会主动推荐特色菜品，并询问客户的口味偏好，确保客户品尝到满意的菜品。而在 B 餐厅，服务员可能只是简单地记下客户的点餐内容，缺乏与客户的互动和沟通。

服务时间的差异性：在晚餐高峰期，A 餐厅虽然客户众多，但服务员依然能够保持高效、有序的工作状态，确保每位客户都能得到及时的服务。而 B 餐厅在高峰期则显得手忙脚乱，服务员经常需要同时处理多张桌子的需求，导致客户等待时间过长，服务质量下降。

服务地点的差异性：A 餐厅位于市中心繁华地段，环境优雅、设施完善，客户在用餐过程中可以享受到舒适的氛围和优质的服务。而 B 餐厅则位于郊区，环境相对简陋，设施也不如 A 餐厅完善。这在一定程度上影响了客户的用餐体验。

通过这个案例，可以看到服务的差异性在服务提供者、服务时间和服务地点等多个方面都有所体现。因此，企业在提供服务时，需要充分考虑这些因素，尽可能减少服务的差异性，提升服务质量和客户满意度。

3. 不可分离性

服务的生产和消费是同时进行的，即服务的生产过程也是客户的消费过程。这意味着客户只有加入服务的生产过程才能最终消费到服务，服务提供者与客户之间需要保持高度的互动和合作。

在旅游过程中，导游为游客讲解景点的同时，游客也在消费导游的服务。在酒店中，当客人入住酒店时，他们开始消费酒店提供的各项服务，如客房清洁、前台接待、餐厅用餐等，这些服务的提供与客人的消费是同时进行的。

4. 不可贮存性

服务不能像有形产品那样被贮存起来以备未来销售，它只能在客户需要时由服务提供者生产并即时消费。这种特性要求服务提供者必须根据客户的需求和市场的变化来灵活调整服务策略，以满足客户的即时需求。

5. 易变性

由于服务是无形的且客户参与到服务过程中，服务的质量很难保持稳定。即使在同一时间和地点，由同一服务提供者提供同样的服务，其质量也可能因客户的不同而有所差异。因此，企业需要建立有效的服务质量控制体系，对服务过程进行严格的监控和管理。

经典案例

李先生是某知名连锁餐厅的忠实顾客，他经常光顾这家餐厅，他非常喜欢那里的食物和优质服务，但最近几次的用餐经历让李先生感到非常失望。

第一次，李先生发现服务员小张的态度与之前大相径庭。以前小张总是笑容满面，热情周到，但这次却显得冷淡而敷衍。李先生点完餐后，小张只是简单地记录了一下，便转身离开，没有任何额外的问候或建议，这让李先生感到有些被忽视。

第二次，李先生和家人在周末的晚餐时间前往餐厅，点完菜后他们等了将近一个小时才上齐所有的菜品。其间，李先生多次向服务员询问上菜进度，但得到的回答总是"稍等，马上就好"，长时间的等待让李先生和家人感到非常不满，原本愉快的用餐氛围也荡然无存。

第三次，李先生注意到菜品的口感和质量似乎大不如前，他点的招牌菜与以往相比，口感不够鲜美，食材也不够新鲜，这让李先生感到非常失望，因为他一直认为这家餐厅的菜品质量是非常有保障的。

连续几次不愉快的用餐经历让李先生对这家餐厅失去了信心，他开始考虑寻找其他餐厅作为新的用餐地点。

这个案例中的李先生，作为一位忠实顾客，经历了服务质量不稳定的过程，从服务员态度的变化到上菜速度的延迟，再到菜品质量的下降，这些变化都让他感到失望和不满，这也反映出了服务质量不稳定对顾客体验和忠诚度的重要影响。

服务的特征决定了服务设计和管理的方式需要与产品的设计和管理不同，为了提供更好的服务，服务提供商需要注重多方面的管理和监控，包括人员培训、服务流程设计和顾客反馈等方面，只有在服务质量和特点得到充分保障的情况下，才能提高顾客的满意度和忠诚度，实现长期盈利和可持续发展。

二、服务礼仪的作用

服务礼仪的作用在多个方面都显得至关重要，比如：

1. 传承文化精髓

服务礼仪作为现代社会中的一种行为规范，实际上是对古代礼仪文化的一种传承。正如《荀子》所言："人无礼则不生，事无礼则不成，国无礼则不宁。"服务礼仪不仅体现了对客户的尊重和关怀，更承载了中华民族深厚的文化底蕴和礼仪传统。

2. 塑造专业形象

服务礼仪的规范和细致，有助于塑造服务行业的专业形象。塑造服务人员专业、得体的形象，能够使客户对服务团队产生高度的信任感。这种形象不仅体现了服务人员的专业素养，也体现了企业的整体形象。正如《孟子》所说："爱人者，人恒爱之；敬人者，人恒敬之。" 服务礼仪正是这种"爱人""敬人"精神的具体体现。

3. 增强社会和谐

服务礼仪在服务行业中的广泛应用，有助于增强社会的和谐氛围。通过服务人员的热情服务和周到关怀，客户能够感受到社会的温暖和关爱，从而增强社会的凝聚力和向心力。正如《礼记·乐记》所言："乐至则无怨，礼至则不争。" 服务礼仪正是通过其独特的魅力，促进了社会的和谐与稳定。

4.提升客户满意度

通过遵循服务礼仪，服务人员能够展现出对客户的尊重和关心，从而有效提升客户的满意度。无论是微笑服务、礼貌用语，还是细心关怀，都能让客户感受到优质的服务体验。

5.增强企业竞争力

在竞争激烈的市场中，服务礼仪成为企业吸引客户、留住客户的关键。优质的服务礼仪能够提升企业的服务品质，增强企业的品牌形象，从而使企业在竞争中脱颖而出。

三、服务礼仪的原则

在各种服务礼仪中，存在一些普遍、共同且具有指导性的规律，这些就是礼仪的基本原则。以下是几个核心的礼仪原则，它们在各种服务场景中都具有重要的指导意义。

1.尊重原则

尊重是服务礼仪的核心原则。它要求服务人员将客人置于中心地位，对每一位客人都要表现出充分的尊重和关注。尊重不仅体现在言语上，更体现在行动上。比如，在与客人交流时，服务人员要倾听客人的需求，用礼貌的语言回应；在提供服务时，要细致入微，尽量满足客人的个性化需求。尊重的原则让客人感受到被重视和尊重，从而增强客人的满意度和忠诚度。

2.平等原则

在服务中，应平等对待每一位客人，不因客人的身份、地位、财富等因素而有所区别。平等原则体现了对每一位客人的尊重和关注，有助于营造公正、公平的服务环境。

3.真诚原则

真诚是服务礼仪中不可或缺的原则。它要求服务人员在服务过程中要真诚待人，以诚挚的情感去感动和影响客人。真诚的服务能够赢得客人的信任，建立起深厚的友谊。服务人员要时刻保持微笑，用友善的目光与客人交流，让客人感受到温暖和关怀。同时，服务人员要坦诚面对自己的不足，勇于承认错误，并积极寻求解决办法，以真诚的态度赢得客人的理解和支持。

4. 宽容原则

宽容是服务礼仪中体现人文关怀的重要原则。它要求服务人员在服务过程中要具有宽广的胸怀和包容的心态，能够理解和接纳不同的文化和习惯。由于客人的背景和需求各不相同，服务人员可能会遇到一些难以预料的情况。在这种情况下，服务人员要保持冷静和理智，用宽容的心态去理解和接纳客人的不同意见和需求。同时，服务人员也要学会换位思考，从客人的角度出发去考虑问题，以提供更加贴心和个性化的服务。

5. 从俗原则

从俗是服务礼仪中体现尊重和包容的重要原则。它要求服务人员了解和尊重不同民族、不同地区的礼仪文化和风俗习惯。在提供服务的过程中，服务人员要注意避免与客人的文化习惯产生冲突。比如，在接待来自不同国家的客人时，服务人员要了解并尊重他们的宗教信仰和饮食习惯；在提供旅游服务时，服务人员要了解并尊重当地的文化传统和民俗习惯。通过了解和尊重客人的文化习惯，服务人员能够提供更加贴心和个性化的服务，增强客人的满意度和归属感。

6. 适度原则

适度是服务礼仪中体现专业素养和分寸感的重要原则。它要求服务人员在服务过程中把握分寸、恰到好处地表达自己的敬人之意。过度的礼仪可能会让客人感到不自在或尴尬；而不足的礼仪则可能无法表达出自己的敬意和关注。因此，服务人员要根据不同场合和客人的需求来调整自己的礼仪行为。比如，在正式场合中，服务人员要保持端庄、稳重的形象；在休闲场合中，则可以更加轻松、自然地与客人交流。通过适度的礼仪行为，服务人员能够展现出自己的专业素养和分寸感，赢得客人的尊重和信任。

第三节

服务新篇，创新升华

服务礼仪新篇章

一、服务的"心"视界

"服务"这一词最早是从英文"service"翻译而来。为了深入理解这一单词，我们将"service"的每个英文字母与其在服务中的含义相结合，并通过某些词来衔接这些含义，以体现"服务"的真正意义。

S（smile）——微笑：服务中的微笑是友好和热情的象征，它能够迅速拉近服务提供者与顾客之间的距离。

E（excellent）——出色：服务应当追求卓越，不仅在质量上，在态度和效率上也要表现出色。

R（ready）——准备：服务提供者应随时准备好为顾客提供帮助，这包括心理准备、知识准备和物质准备。

V（viewing）——观察：服务提供者应当细心观察顾客的需求和反应，以便及时调整服务内容和方式。

I（inviting）——邀请：服务应当给顾客一种被尊重和重视的感觉，邀请他们参与并享受服务过程。

C（creating）——创造：服务不仅仅是满足顾客现有需求，更应当通过创新来创造新的价值，提升顾客的满意度。

E（eye）——眼神：通过眼神交流，服务提供者可以向顾客传达关心、理解和尊重，增强与顾客之间的情感联系。

"服务"的真正意义不仅仅在于完成一项任务或提供一个产品，更在于为顾客创造一种愉悦、满意和难忘的体验，即是通过微笑、出色、准备、观察、邀请、创造和眼神交流，为顾客创造一种卓越的服务体验。

二、客户服务的"心"维度

优秀的客户服务不再仅仅局限于满足客户基本的需求与期望，而是需要超越这些标准，提供更为人性化和创新的服务体验，"首问思维"便成为提升客户服务质量的关键所在。它强调的是在客户首次提出问题或需求时，服务提供者就能以仁爱之心为出发点，迅速、高效地给予回应，并在整个服务过程中持续保持这种高标准的服务态度。"首问思维"应如何融入到服务实践中，才能提供更为卓越和完美的客户体验呢？

1. 首问思维

首问思维，即首问责任意识，是指在办公场所、业务柜台和公务处理过程中，首先接触来访、咨询或接待办事的中心工作人员，要负责给予办事或咨询一方必要的指引、介绍或答疑等服务，使之最为迅速、简便地得到满意的服务。

2. 首问思维融入服务实践的要点

（1）尊重为本，即时响应。

首问责任人始终将尊重之心作为服务的出发点，深刻理解客户的需求和感受。即时响应不仅是对客户的尊重，更是对客户情感的关怀。因此，在面对客户的问题或需求时，首问责任人总是能够迅速行动，用真诚的态度和专业的技能为客户提供即时的帮助和解决方案。这种尊重为本、即时响应的服务精神，能够让客户感受到温暖和信任，从而建立起长久的合作关系。

（2）全程高效，客户至上。

首问责任制要求首问责任人全面执行一站式服务，确保客户需求和问题得到快速、准确、满意的解决。在这一过程中，首问责任人须迅速响应客户需求，不得推诿、怠慢，并快速识别问题的类型和难度，以便及时采取相应措施。须仔细分析问题，确保理解无误，并根据问题的性质确定是否需要其他专业成员的协助。若无法独立解决，首问责任人应及时将问题转交给有能力的团队成员，并在转交过程中提供完整的问题背景和必要信息。此外，还须持续跟进问题的处理情况，一旦问题得到解决，便及时向客户进行反馈，确保客户对处理结果满意。在整个服务过程中，首问责任人须保持礼貌热情的态度，有问必答，有疑必释，以高效、准确的服务赢得客户的信任和满意。

（3）自强不息，持续改进。

首问责任人要始终保持着自强不息的精神状态，不断追求自我提升和进步。只有不断改进和优化服务方式，才能满足客户日益多样化的需求。因此，须积极学习新知识、掌握新技能，不断探索和创新服务方式，这种自强不息、持续改进的精神不仅提升了首问责任人的服务能力和水平，更赢得了客户的认可和赞誉，用自己的努力和智慧为客户提供了更加优质、高效的服务。

三、服务的阳光心态

服务的阳光心态是指服务人员在提供服务时，保持一种积极、乐观、热情的心态，以正面的态度面对工作中的挑战和困难，从而为客户提供更加优质、满意的服务。

1. 阳光心态的特点

（1）积极乐观。

具有阳光心态的服务人员总是积极面对工作中的挑战和困难，相信问题总有解决的办法，从而保持高昂的工作热情。

（2）热情积极。

他们对待客户充满热情，主动为客户提供帮助和服务，让客户感受到温暖和关怀。

（3）自信自律。

具有阳光心态的服务人员通常自信自律，他们相信自己有能力为客户提供优质的服务，同时也能够自我管理，保持良好的工作状态。

2. 阳光心态在服务中的体现

（1）提高工作效率。

具有阳光心态的服务人员更容易保持高昂的工作热情，积极主动地解决问题，从而提高工作效率。这种高效的工作状态有助于快速响应客户需求，提供及时、准确的服务。

（2）提升客户满意度。

具有阳光心态的服务人员能够传递正能量，增强客户信任感，提升客户满意度。他们善于倾听客户需求，积极解决客户问题，让客户感受到被重视和尊重。

（3）促进个人成长。

阳光心态有助于服务人员面对挫折，失败时保持乐观，不断学习和成长，提升个人职业竞争力。这种积极的心态有助于服务人员在工作中不断积累经验，提升技能水平，为未来的发展奠定坚实基础。

3. 如何培养服务的阳光心态

（1）树立正确的人生观和价值观。

明确自己的目标和追求，树立积极向上的价值观，是培养阳光心态的基础，服务人员需要认识到服务工作的重要性，以及自己在服务过程中的责任和使命。

（2）提高专业素养。

通过不断学习和实践，提高专业素养，增强服务能力和水平，服务人员需要了解行业发展趋势和客户需求变化，掌握先进的服务理念和方法，以提供更加优质的服务。

（3）加强心理调适。

面对工作中的压力和挑战时，服务人员需要学会调整自己的心态，保持积极乐观的态度，可以通过运动、听音乐、阅读等方式来缓解压力，保持身心健康。

（4）营造良好的工作氛围。

企业可以通过举办团建活动、分享会等方式来营造良好的工作氛围，增强员工之间的凝聚力和归属感。同时，企业还可以建立激励机制和奖励制度，表彰优秀员工和团队，激发员工的工作热情和积极性。

服务的阳光心态是一种积极、乐观、热情的服务态度，它要求服务人员始终保持对工作的热情和兴趣，以真诚、耐心、周到的服务赢得客户的信任和支持。通过培养这种心态，服务人员可以为客户提供更加优质、满意的服务，促进企业的持续发展和进步。

课后练习

一、思考题

请结合礼仪和服务礼仪的概念，分析在现代社会中，如何更好地将传统礼仪文化与现代服务实践相结合，以提升服务质量和客户满意度。

二、要点巩固

（一）判断题

（1）礼仪仅仅是一种表面的仪式和形式，不具有内在的文化素养和道德修养。（　）

（2）在现代社会，礼仪文化已经失去了其原有的意义和价值。（　）

（3）服务礼仪只适用于服务行业，与其他行业无关。（　）

（4）服务的无形性决定了服务质量难以衡量和评价。（　）

（5）在服务过程中，服务人员的个人情绪应该完全隐藏，不表现出来。（　）

（二）单选题

（1）服务礼仪的核心目的是什么？（　）

　　A. 展示服务人员的专业技能

　　B. 满足客户的需求

　　C. 体现服务行业的等级制度

　　D. 追求服务过程的完美无瑕

（2）服务礼仪中的哪个原则强调服务人员应真诚待人，用诚挚的情感去感动和影响客户？（ ）

A. 尊重原则

B. 平等原则

C. 真诚原则

D. 宽容原则

（三）多选题

（1）以下哪些行为体现了服务礼仪的基本原则？（ ）

A. 服务员面带微笑，热情周到地为客户提供服务

B. 服务人员对待客户一视同仁，不因客户身份而有所区别

C. 服务过程中，服务人员频繁打断客户的话语以表达自己的观点

D. 服务人员在客户提出问题时，能够迅速、准确地给予回应

E. 服务人员在客户离开后，立即忘记客户，不再关心客户需求

（2）服务礼仪在现代社会中的重要性体现在哪些方面？（ ）

A. 有助于维护社会秩序和人际关系

B. 增强了服务行业的专业形象

C. 提升了客户的满意度和忠诚度

D. 对传统文化没有贡献

E. 促进了个人成长和职业发展

（3）服务礼仪在服务行业中发挥的作用包括哪些？（ ）

A. 提升服务行业的整体形象

B. 增进服务人员与客户之间的信任关系

C. 提高服务效率，减少客户等待时间

D. 仅仅是一种形式，对服务质量没有实质性影响

E. 有助于形成企业的独特文化和品牌特色

三、实践训练

基于首问思维的原则,设计一个针对餐厅顾客投诉处理的流程,并解释每一步骤如何体现首问思维的精神。

参考答案

第二章
形象礼仪：职业形象，仪态端方

礼仪指引

在现代职场中，一个人的职业形象不仅仅关乎个人形象，更代表了所在组织和企业的精神风貌。因此，塑造一个得体、专业的职业形象，是每个职场人士必备的基本素养。本章将深入解析如何塑造专业且得体的职业形象，内容涵盖妆容技巧、专业着装选择、简约配饰搭配以及优雅仪态养成。通过学习，您将快速提升职业形象，展现自信与专业素养，为客户提供更优质的服务。

知识目标

1. 知道服务形象的基本要素和重要性。
2. 了解淡妆技巧及其在职场中的应用。
3. 熟悉专业着装规范和配饰的选择原则。
4. 学习优雅仪态的基本要求和具体表现。

能力目标

1. 能够根据服务行业的标准和要求，调整并完善自己的职业形象。
2. 能够独立化淡妆，提升自己的仪容仪表。
3. 能够选择和搭配适合职场的专业服装和简约配饰。
4. 能够展现出优雅、得体的仪态，包括站姿、走姿、坐姿等。

素质目标

1. 培养学生的职业素养和责任感。
2. 提升学生的审美能力和自我形象管理能力。
3. 增强学生的沟通能力和团队协作能力。
4. 塑造学生积极向上、自信大方的职业态度。

思政目标

1. 培养社会责任感,塑造专业、可信赖的职业形象。
2. 激发服务行业热情,展现敬业精神。
3. 传承礼仪文化,弘扬传统美德。
4. 强化团队协作精神,提升服务质量。
5. 树立积极职业态度,自信面对挑战。

经典传诵

邹忌讽齐王纳谏

邹忌修八尺有余,而形貌昳丽。朝服衣冠,窥镜,谓其妻曰:"我孰与城北徐公美?"其妻曰:"君美甚,徐公何能及君也?"城北徐公,齐国之美丽者也。忌不自信,而复问其妾曰:"吾孰与徐公美?"妾曰:"徐公何能及君也?"旦日,客从外来,与坐谈,问之:"吾与徐公孰美?"客曰:"徐公不若君之美也。"明日,徐公来,孰视之,自以为不如;窥镜而自视,又弗如远甚。暮,寝而思之曰:"吾妻之美我者,私我也;妾之美我者,畏我也;客之美我者,欲有求于我也。"

于是入朝见威王,曰:"臣诚知不如徐公美。臣之妻私臣,臣之妾畏臣,臣之客欲有求于臣,皆以美于徐公。今齐地方千里,百二十城,宫妇左右,莫不私王;朝廷之臣,莫不畏王;四境之内,莫不有求于王。由此观之,王之蔽甚矣。"王曰:"善。"乃下令:"群臣吏民,能面刺寡人之过者,受上赏;上书谏寡人者,受中赏;能谤议于市朝,闻寡人之耳者,受下赏。"令初下,群臣进谏,门庭若市;数月之后,时时而间进;期年之后,虽欲言,无可进者。燕、赵、韩、魏闻之,皆朝于齐。此所谓战胜于朝廷。

——《战国策·齐策一》

这个故事启发我们，仪容礼仪不仅仅是外在形象的展现，更是内心修养的体现。邹忌以其对自我的深刻认识和谦虚谨慎的态度，成功地让齐威王认识到了他作为统治者可能受到的蒙蔽，进而实现了国家的安定与富强。这告诉我们，无论身处何种地位，我们都应该保持清醒的头脑，不断反思自我，以谦逊的态度面对他人的意见和批评。

经典启示

君子不可以不饰，不饰无貌，无貌不敬，不敬无礼，无礼不立。

——《孔子集语·劝学》

第一节

仪容之礼，心正颜和

仪容礼仪：整洁篇

在服务行业中，仪容仪表是给顾客留下第一印象的关键因素。适当的化妆不仅是对自身形象的修饰，更是对顾客的尊重。作为服务人员，掌握一定的妆容技巧至关重要。

一、日常护理

良好的肌肤状态是打造妆容的基础，因此日常护理至关重要。服务人员应注意以下几点。

1. 清洁

每天早晚使用洁面产品彻底清洁肌肤，以去除污垢、油脂和化妆品残留。在选购洁面产品时应注意选择含有温和且有效清洁成分的产品，如乳酸、水杨酸等，这些成分有助于控制油脂分泌，同时避免过度清洁导致皮肤干燥。另外还需根据个人肤质，选购适合自己肤质的产品。

①油性肌肤：可以选择控油效果较好、温和且去油脂强的洁面产品，如洁面皂或洁面露。

②干性肌肤：应选用滋润型的洁面产品，如含有保湿成分的洁面露或清洁霜。

③中性肌肤：洁面产品的选择空间较大，可以根据个人喜好和使用习惯来挑选。

④混合性肌肤：需要选用能调节水油平衡的产品，可以考虑温和且能深层清洁的洁面产品。

⑤敏感性肌肤：应选用针对敏感肌人群开发的洁面产品，确保天然、安全、温和。

2. 保湿

使用保湿产品，为肌肤提供足够的水分和营养，保持肌肤水润有弹性。在选购保湿产品时应注意选择含有有效保湿成分的产品，如透明质酸、甘油等。这些成分能够吸引和锁住水分，为肌肤提供持久的保湿效果。具体还应根据个人肤质，选择合适的成分和质地的保湿产品。

①油性肌肤：对于油性肌肤，可以选择质地轻盈、不油腻的保湿产品，如保湿乳液或凝露。避免使用过于油腻的面霜，以免堵塞毛孔。

②干性肌肤：干性肌肤需要更滋润的保湿产品，如面霜或精华。这些产品能够深层滋养肌肤，锁住水分，防止干燥。

③中性肌肤：中性肌肤的选择范围较广，可以根据季节和个人喜好选择适合的保湿产品。

④混合性肌肤：对于混合性肌肤，可以根据面部不同区域的需求选择产品，或者在T区使用清爽的保湿乳液，在干燥区使用滋润的面霜。

⑤敏感性肌肤：敏感性肌肤应选择无刺激、温和的保湿产品，避免含有酒精、香料等可能引起过敏的成分。

3. 防晒

无论晴天还是阴天,出门前都应涂抹防晒霜,以防止紫外线对肌肤的伤害。在选择防晒产品时,需要关注产品的防晒指数、质地、舒适度以及附加功效等因素。

> 市面上在售的防晒产品中,经常会看到标注有 SPF 15、SPF 30、SPF 50 等字样,SPF 值其实是防晒指数,是衡量防晒产品对 UVB(紫外线 B 段)防护能力的重要指标。选择防晒霜时,应根据自己的具体需求和活动环境来做出决定。

① SPF 15 的防晒产品。

防晒时间:大约可以提供 15 倍的防晒时间。也就是说,如果在某强度的阳光下暴露 10 min 会引起皮肤晒伤,正确涂抹足量的 SPF 15 防晒霜后,可将防晒时长延长至 150 min。

适用场合:这类产品适合室内工作族和日常短时间户外活动使用。

② SPF 30 的防晒产品。

防晒时间:可以提供约 30 倍的防晒时间。以相同的逻辑,如果在某强度的阳光下暴露 10 min 会引起皮肤晒伤,正确涂抹足量的 SPF 30 防晒霜后,理论上可将防晒时长延长至 300 min。

适用场合:这类防晒霜适合在室外工作、旅游或进行较长时间的户外活动时使用。

③ SPF 50 的防晒产品。

防晒时间:大约可以提供 50 倍的防晒时间。也就是说,如果在某强度的阳光下暴露 10 min 会引起皮肤晒伤,正确涂抹足量的 SPF 50 防晒霜后,可将防晒时长延长至 500 min。

适用场合:SPF 50 的防晒霜非常适合在海滩、高山等紫外线特别强烈的地方使用,或者在户外停留时间非常长的情况下使用。

注意事项:尽管防晒产品中的 SPF 数值较高通常指示着更强的防晒能力,但这往往也伴随着防晒剂含量增加或配方复杂度提升,有可能触发皮肤不适或过敏反应。因此,在选用防晒产品之前,需仔细阅读产品说明,尤其是敏感皮肤人群或者有防晒霜过敏史的人，需谨慎使用。

4. 定期护理

可以定期进行深层清洁、去角质和敷面膜等护理，以改善肌肤状况。

通过精心的日常护理，服务人员可以维持健康的肌肤状态，为打造妆容打下良好的基础。

二、女士妆容要点和技巧

职业妆容是一种适合职场环境的妆容风格，它强调自然、大方与专业性，旨在通过"淡妆轻抹"使整体形象更加整洁、干练，符合职场人的专业形象需求。淡妆轻抹，即在保持自然肤色的基础上，通过细致的化妆技巧稍作修饰，以达到提升气质、掩盖小瑕疵的目的。以下将详细阐述淡妆轻抹的几个核心要点和技巧。

1. 轻薄自然的底妆

（1）选择适合的底妆产品。

仪容礼仪：彩妆篇之底妆

根据肤质（干性、油性、混合性）和肤色选择合适的粉底液或气垫。例如，干性肌肤可选择滋润型的粉底液，而油性肌肤则适合选择控油效果好的产品（表2.1和表2.2）。

表2.1 根据肤质选择底妆产品

肤质类型	肤质特点	适合的底妆产品
干性皮肤	✓ 干燥、紧绷，易脱皮、出现细纹 ✓ 容易感到瘙痒或不适 ✓ 肤色可能较暗淡	✓ 滋润型粉底液，含有保湿成分，如玻尿酸、甘油等 ✓ 细腻的散粉定妆，尽量少用 ✓ 妆前使用保湿型妆前乳
油性皮肤	✓ 容易出油，皮肤油亮 ✓ 毛孔粗大，易生痘痘 ✓ 皮肤可能较为油腻	✓ 控油型粉底液或持久型粉底液 ✓ 控油妆前乳 ✓ 细致的散粉定妆，减少油光
中性皮肤	✓ 皮肤水油平衡，不易干燥也不易出油 ✓ 肤色较为均匀，毛孔不明显	✓ 轻薄透气的粉底液或气垫 ✓ 细腻的散粉轻微定妆 ✓ 可根据季节调整底妆的保湿或控油效果

续表

肤质类型	肤质特点	适合的底妆产品
敏感性皮肤	✓ 皮肤薄，易受外界刺激 ✓ 容易出现红肿、刺痛、瘙痒 ✓ 对某些化妆品成分过敏	✓ 无刺激、温和的医用级粉底液或药妆BB霜 ✓ 避免含酒精、香料、色素等刺激性成分的底妆 ✓ 选择敏感肌肤专用的底妆产品
混合性皮肤	✓ T区（额头、鼻子、下巴）易出油 ✓ U区（两颊）较干燥 ✓ 可能伴有毛孔粗大和干燥细纹	✓ 平衡油脂的粉底液，或分区使用控油和滋润型粉底液 ✓ 使用调节水油平衡的妆前乳 ✓ T区使用散粉定妆，U区避免过多散粉

表 2.2 根据肤色选择底妆产品

肤色类型	适合的底妆产品
白皙肤色	✓ 轻薄透亮的粉底液 ✓ 润色隔离霜 ✓ 提亮液或高光产品
自然肤色	✓ 自然色号的粉底液、遮瑕膏、肤色修正液
偏黄肤色	✓ 黄色调粉底液或BB霜 ✓ 紫色隔离霜（用于中和黄色调） ✓ 提亮肤色的妆前乳
深色肤色	✓ 深色号粉底液 ✓ 遮瑕棒 ✓ 肤色修正粉
橄榄肤色	✓ 橄榄色调的粉底液 ✓ 带有微微珠光的底妆产品 ✓ 肤色修正液

（2）均匀涂抹。

使用美妆蛋或海绵将底妆产品以按压式涂于面部，注意不要过度使用，以保持自然的肌肤质感。

（3）遮瑕处理。

对于黑眼圈、痘痘等小瑕疵，可使用遮瑕膏进行局部遮盖，使肌肤看起来更加完美无瑕。

2. 眼妆

（1）眉毛修饰。

仪容礼仪：彩妆篇之眉妆

自古以来，女士在妆容中一直非常注重眉毛的修饰。在《洛神赋》中，有"云髻峨峨，修眉联娟"的描绘，生动地展现了女士高耸的发髻与修长的眉毛之美。因此，女士在化妆时要根据自身的眉形，轻轻地填补空缺，同时确保填补的过程中保持眉毛的自然走向，避免过分修饰或改变原有的眉形，以此来维持眉毛的天然美感（如图 2.1）。

图 2.1 眉形

（2）脸型与眉形的搭配。

不同的脸型适用的眉形各有不同，以下是一些常见的脸型及其适合的眉形。

①方形脸。适用眉形：高挑眉。这种眉形可以平衡方形脸的脸型，脸越方上挑的弧度越柔和（如图 2.2）。

图 2.2 方形脸与搭配的眉形

②圆形脸。适用眉形：高挑眉或欧式挑眉。这两种眉形能够拉长脸型，增加五官立体感，使圆脸看起来更加精致和瘦长（如图2.3）。

图 2.3　圆形脸与搭配的眉形

③长形脸。适用眉形：韩式平眉。这种眉形可以视觉上缩短脸型，使长脸看起来更加协调（如图2.4）。

图 2.4　长形脸与搭配的眉形

④菱形脸。适用眉形：小挑眉。这种眉形能从视觉上纵向拉长脸型，使整体更加柔和流畅，同时增加五官立体感（如图2.5）。

图 2.5 菱形脸与搭配的眉形

⑤心形脸（倒三角脸型）。适用眉形：柳叶眉或落尾眉。这两种眉形可以柔化脸部线条，修饰额头和颧骨过宽的问题，使心形脸看起来更加温柔和舒适（如图 2.6）。

图 2.6 心形脸与搭配的眉形

⑥鹅蛋脸/瓜子脸。适用眉形：标准眉。这种眉形自然百搭，能够修饰高颧骨和额头偏窄的问题，使鹅蛋脸或瓜子脸看起来更加完美（如图 2.7）。

在选择眉形时，还需要考虑个人的气质、风格和喜好。同时，眉毛的颜色、浓淡和疏密也可以根据个人的肤色、发色和整体妆容进行调整。总之，选择适合自己的眉形能够提升整体的美感，使脸部轮廓更加协调和立体。

图 2.7 鹅蛋脸与搭配的眉形

（3）眼影与眼线的选择。

选择大地色、棕色系或粉色系的眼影，打造自然的眼部轮廓。眼线部分可选择棕色或灰色眼线笔，避免黑色眼线带来的浓重感。

仪容礼仪：彩妆篇之眼妆

仪容礼仪：彩妆篇之腮红与口红

3. 腮红

腮红，作为妆容的点睛之笔，不仅能为面颊增添一抹生动的红润，提升整体气色，使脸部更加立体且充满活力，还可巧妙地修饰脸型，为妆容注入丰富的层次感。正如古人所云："粉黛凝春态，红妆映日辉。"一抹恰到好处的腮红，如同春日的桃花，娇艳欲滴，为女子的容颜增添几分妩媚与风情。

不同脸型的腮红打法有着各自的要点和技巧，根据不同脸型腮红的画法如下。

①标准脸型（如鹅蛋脸、心形脸）腮红位置：笑肌处是最佳位置（如图 2.8）。

图 2.8 鹅蛋脸腮红位置

打法:用腮红刷轻轻打上浅淡的腮红,以画团式手法来涂抹,但范围不宜过大,以保持整体妆容的自然与协调。

②圆形脸腮红位置:建议将腮红打在苹果肌偏下的位置,从颧骨到发际线(如图2.9)。

图 2.9　圆形脸腮红位置

打法:采用斜向上的手法,方向建议从外到里,这样能使脸型显得更加小巧。

③长脸腮红位置:建议将腮红打在眼下和鼻翼之间的位置(如图2.10)。

图 2.10　长脸腮红位置

打法:在此区域内横向刷上腮红,然后由颧骨至鼻翼向内打圈,以缩短脸部的视觉长度。

④方形脸腮红位置：从鬓角位置开始，向着颧骨方向进行晕染（如图2.11）。

图 2.11　方形脸腮红位置

打法：选择弧形晕染，避免直线条，以减少脸部的棱角感，使脸型显得更加柔和。

⑤菱形脸腮红位置：建议从耳际线稍高的地方开始，向颧骨方向斜刷（如图 2.12）。

图 2.12　菱形脸腮红位置

打法：颧骨处的颜色应稍加深，然后晕染过渡至自然，以平衡脸型。

掌握这些针对不同脸型的腮红打法，能够更有效地修饰脸型，提升整体妆容的效果。需要注意的是，不论哪种脸型，都要确保腮红的晕染自然，避免出现明显的分界线，以保持妆容的和谐与美感。

4. 口红

口红，是提升气色的神器，能够瞬间提亮肤色，使脸部看起来更加生动和充满活力，即使是简单的淡妆，一抹适合的口红也能让人看起来更加精神和有自信，是塑造个人风格和完成整体造型的关键。中国古代女子也非常重视唇妆，常常使用红色唇膏来突出嘴唇的鲜艳。如岑参的《醉戏窦子美人》中写道"朱唇一点桃花殷"，形容女子红润的嘴唇像桃花一样娇艳。

口红作为妆容的点睛之笔，能够与眼妆、腮红等相互呼应，形成一个和谐的整体。在精心打造的妆容中，适合的口红可以起到画龙点睛的作用，使整个妆容更加完美和协调。而且口红不仅可以增添色彩，还能在一定程度上修饰唇形。对于唇色较深或唇纹明显的人来说，口红还可以起到掩盖和修饰的作用，使唇部看起来更加饱满和健康。

不同的场合需要不同的妆容，而口红的选择是关键点之一。比如，在正式场合，深色或红色的口红可以增添气场，展现出女性的独立和自信；而在日常或休闲场合，淡雅的粉色或裸色口红则更加合适，会让人更显温柔和甜美；而服务类从业人员应选择那些既能提升气色又不会过于抢眼的口红颜色，如玫瑰豆沙色、珊瑚色、摩卡奶茶色等，此外，口红的持久度也是一个重要考虑因素，因为服务人员在工作中需要长时间保持妆容，因此，建议选择质地细腻、容易上妆且持久度好的口红。

5. 精细的技巧处理

高光与修容：适当使用高光产品提亮面部中央（如鼻梁、颧骨上方），修容产品则可用于塑造脸部轮廓，但需注意保持整体妆容的协调性。

6. 实用的化妆建议

（1）妆前准备。

化妆前确保肌肤清洁，使用保湿乳液为肌肤打底，以增强妆容的贴合度和持久性。

（2）妆容持久。

完成妆容后，可使用定妆喷雾或定妆粉，使妆容更持久。

(3)及时补妆。

长时间外出或活动后,及时检查妆容并进行补妆,保持妆容的完整性和美观度。

7. 发型的建议

(1)保持整洁与干净。

职业女性的发型首先要保持整洁和干净,这是给人留下良好第一印象的基础。定期洗发,保持头发的清洁,避免出现头皮屑或油腻的情况。

(2)选择适合的发型。

发型应与个人脸型、气质以及职业形象相匹配。不同的脸型适合不同的发型,选择合适的发型可以突显个人优势,修饰面部轮廓。同时,发型也要符合职业女性的形象,通常建议选择相对保守、得体的发型,避免过于夸张或前卫的款式。

(3)避免过度修饰。

在职场中,过度修饰的发型可能会给人留下不够专业的印象,因此,应尽量减少使用发胶、发蜡等造型产品,保持头发的自然状态。若需要使用造型产品,也应确保气味温和、样式不夸张。

(4)符合职场规范。

服务业一般对发型有一定的规范,如需要将头发整洁地盘起来或选择优雅的发型。应了解并遵守所在职场的发型规范,以展现出自己的专业素养,如图2.13、图2.14所示。

图2.13 女性发型(前面)　　图2.14 女性发型(后面)

女士职业妆容的特点在于其既专业又优雅的呈现方式，旨在通过适度的修饰突出女士的知性与干练，同时不失细腻与端庄，既符合职场规范，又能展现个人魅力。

三、男士妆容要点和技巧

男士职业妆容相较于女士更为简洁自然，以下介绍一些关于男士职业妆容的注意点。

1. 底妆

男士职业妆容的底妆应以自然为主，不宜过厚。选择与自身肤色相近的粉底液，均匀涂抹于脸部，遮盖小瑕疵，提升肌肤的整体质感。

2. 遮瑕

使用遮瑕笔轻轻涂抹脸部的眼袋、痘痕或其他明显瑕疵，以达到肌肤看起来更加干净无瑕的效果。

3. 眉形

眉毛对于男士的整体妆容非常重要。根据脸型和妆容风格修剪并填补眉毛，保持眉毛形状整齐，不杂乱，使面部更加精神。

4. 嘴唇

注意保持嘴唇滋润，可以使用润唇膏或适当使用裸色的口红，提升整体气色。

5. 发型的建议

（1）保持整洁。

头发应该保持干净、整齐，没有头皮屑，也不应有过多的油脂，以给人留下专业的第一印象。

（2）选择合适的发型。

发型应适合个人脸型、气质和职业。对于职业男士来说，发型通常要求比较保守和庄重，不应过分时尚或张扬。一般来说，前不覆额，后不及领，侧不盖耳是比较基本的要求，如图2.15所示。常见的适合职场男士的发型包括背头、偏分和平头等。

图 2.15　男性发型

（3）遵守职场规范。

在服务业的场景中，一般对发型有具体的要求。例如，除了要求前不覆额、后不及领、侧不盖耳，还要求不能剃光头或漂染彩发。

（4）避免过度修饰。

职场男士的发型应避免使用过多的发胶、发蜡等造型产品，以免显得过于刻意或不自然。若需使用造型产品，应选择质地轻盈、气味温和的，并适量使用。

（5）适时修剪和保养。

定期修剪发梢，保持发型的层次感和整体形状。注意头发的保养，使用适合自己的洗发水和护发素，以保持头发的健康和光泽。

6. 其他注意事项

①保持面部清洁是男士妆容的基础，应确保没有油光、污垢或多余的毛发。

②男士妆容可以适当强调面部的轮廓感，如通过修容产品来加强脸部的立体感。

③不要忽略指甲这个小细节，应保持干净并修剪整齐。

总的来说，男士职业妆容以自然、干净、大方为主，不应过分修饰，避免使用过于鲜艳或夸张的色彩，妆容要简洁，不应过于烦琐，以凸显男士的干练与专业。掌握这些化妆的要点和技巧，无论是服务人员还是日常生活中的你我他，都能以更加专业、得体的形象出现在各种场合。

第二节

着装之礼，形正衣雅

以礼明智

着装礼仪主要包括服饰的选择与搭配。古人云："礼仪之大，故称夏；有服章之美，谓之华。"这凸显了仪表礼仪在人际交往中的重要性。通俗地说，一个人应选择适合自己年龄、体形、职业的服饰，并注意色彩的搭配与场合的适宜性。因此，着装在职场中至关重要，它不仅是个人形象的直观体现，更是职业素养与态度的反映。恰当的着装能够彰显专业与严谨，提升个人在团队及合作伙伴中的可靠感，进而促进职业生涯的发展。因此，职场中的着装选择不容小觑，它直接关乎个人职业形象的塑造。

一、制服的着装礼仪

仪表礼仪：制服篇

在服务行业，制服（图 2.16）不仅代表着企业或机构的形象，也是员工专业性的直接体现。正确的制服着装礼仪能够提升客户满意度，增强企业的品牌效应。

图 2.16　男女制服

（一）制服着装礼仪规范

服务行业的制服着装礼仪对于提升企业形象、展示员工专业素养以及为客户提供优质服务至关重要。以下是一些关于服务行业制服着装礼仪的要点。

1. 整洁合体

制服应保持干净整洁，无污渍、无破损、熨烫平整，穿着合体，确保尺寸合适，不过紧或过松，以展现专业和精神的面貌。

2. 搭配协调

制服的搭配应遵循公司或行业的规定，包括颜色、款式和配饰等。避免将不同款式或颜色的制服混搭，以保持整体形象的统一性。

3. 遵守常规的着装规则

遵守行业或公司内部对于制服穿着的特定规定，如佩戴工牌、领带等。工牌是员工身份和企业形象的重要标识，应挂在左前胸、正面朝外，保持整洁清晰，避免遮挡与涂改，同时在特定场合需按要求佩戴或取下，以展示专业素养和企业形象。

4. 注重细节

注意领口、袖口、裤脚等细节的整洁与平整，避免出现翻卷、褶皱、线头、脱线等现象。定期清洗和保养制服，确保其始终保持最佳状态。

（二）制服着装注意事项

1. 遵守企业规定

严格遵守企业对着装的要求，不得随意更改制服款式或颜色，不得随意搭配或加工。如有特殊需求或问题，应及时向上级或人力资源部门反映。

2. 避免过度装饰

避免在制服上添加个人饰品，如大型胸针、夸张的耳环等。制服上不得随意别挂个人物品，如笔、手机等。

二、西装的着装礼仪

仪表礼仪：西装着装礼仪

在职场中，某些行业有特定的制服要求，但在许多其他场合，西装则成为不可或缺的装扮，它象征着专业与正式，能够凸显个人的职业素养和严谨态度。正如古语所说："佛靠金装，人靠衣装。"一身笔挺的西装不仅提升了个人形象，更能在商务谈判、重要会议等关键场合中展现出自己的专业与尊重，从而在职场中脱颖而出。

（一）职业着装基本原则

1. 专业性
职业装应体现出专业和正式感，避免过于休闲或花哨的服饰。

2. 整洁性
无论何种职业装，都应保持干净整洁，无污渍、无皱褶。

3. 色彩搭配
选择适合职场的色彩，通常以中性色或深色为主，展现出沉稳的气质。

4. 舒适度
职业装不仅要外观得体，还需穿着舒适，以便在工作中自如活动。

5. 符合行业规范
不同行业有不同的着装要求，应根据所在行业的标准来选择衣着。

6. 符合场合
在不同场合下，应选择适当、得体的服装以符合该场合的氛围、文化和礼仪要求。

（二）女士着装知识与技巧

女士在职场或服务场合的着装，应遵循得体、大方、整洁、专业的原则。服装的选择不仅要考虑时尚感，更要注重其功能性，确保在提供服务时能够自如活动，同时保持优雅端庄的形象。

1. 衣服款式的选择

（1）西装套装。

深色调（如深蓝、黑色、灰色）的西装套装是职场女性的首选，既显得专业又不失优雅。套装一般包括西装外套和西裤或半身裙，应确保外套剪裁合体，裤子或裙子长度适中（如图2.17）。

图 2.17　女士西装

（2）衬衫。

白色、米色或其他淡色调的衬衫是西装套装的绝佳搭配。衬衫的领口和袖口应干净整洁，无污渍或破损。

（3）连衣裙或职业连身裙。

同样以深色或中性色调（如黑色、深蓝、灰色等）为佳，长度应及膝或过膝，避免选择过于夸张或过于暴露的款式。

2. 鞋袜的选择

（1）鞋。

选择真皮材质的鞋子，既耐穿又透气。鞋跟的高度应根据个人舒适度来选择，一般 3~5 cm 的中跟鞋（如图 2.18）较为适宜。

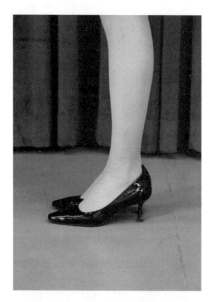

图 2.18　女士鞋子

（2）丝袜。

应选择质地光滑、弹性好的款式，避免出现勾丝或破洞的情况，一般选择皮肤色或是浅灰色。

3. 其他要点

①在穿着套装时，可以尝试搭配不同颜色的衬衫或丝巾来增添亮点。

②注意保持整体着装的色调和谐统一，避免过多的颜色混搭。

③定期清洗和保养衣物，以延长其使用寿命并保持整洁的外观。

4. 着装禁忌

（1）过于性感。

避免穿着过于暴露或性感的服装，如吊带装、短裙等，在办公室环境中这样穿着可能会给人不专业的印象。应该选择简约而大方的职业装，以提升整体形象。

（2）过于时髦。

虽然时尚是流行的，但在职场中，过于追求时尚并不适宜。例如，浓妆艳抹、彩色头发、夸张的配饰等都不适合出现在职场。应保持干练形象，避免过于花哨的装扮。

（3）过于随意。

家居服、运动服等休闲服装不适合穿到职场。应穿着得体、正式的职业装，以展现对工作的尊重和认真态度。

（4）不穿丝袜或穿半截丝袜。

在正式场合，女性应穿丝袜，且丝袜不应是半截的。肉色或黑色丝袜是较为合适的选择，避免选择彩色或带花边的丝袜。

（5）穿露趾鞋。

职场穿鞋应讲究前不露脚趾后不露脚跟，露趾鞋是职场大忌。应选择包裹性较好的皮鞋，以维护专业形象。

三、男士着装知识与技巧

男士在服务场合的着装，尤其需要注重细节与搭配，以下是关于男士着装的知识与技巧。

1. 西装的选择与穿着

（1）合体性。

西装应剪裁合体，既不过于紧身也不过于宽松，扣好扣子后，外套与身体有一拳头的宽度为宜（如图2.19）。衣长应适中，不能太长也不能太短，通常应覆盖臀部，约在双手自然下垂的情况下底边位于手掌的虎口处（如图2.20）。西装的袖子应露出衬衫袖口1~2 cm，以保持整体美观（如图2.21）。裤子的长度应适中，稍微盖在皮鞋上即可（如图2.22）。

图2.19　男士衣宽

图2.20　男士衣长

图 2.21　男士袖长　　　　　图 2.22　男士裤长

（2）颜色与材质。

深色西装（如深蓝、黑色）更为正式，适合商务场合。材质上，羊毛、羊绒等天然纤维质地更佳，既保暖又显得高档。

（3）搭配。

西装应与衬衫、领带、鞋子等配件相协调。衬衫颜色与图案不宜过于花哨，领带应选择颜色和图案都较为经典或专业的款式。

2. 衬衫与领带的搭配

（1）衬衫选择。

白色和淡蓝色衬衫是商务场合中的经典选择，它们既适合搭配各种颜色的西装，也能凸显出穿着者的干练气质。

（2）领带佩戴。

领带的长度应适中，打好后的领带下端应盖过皮带扣的三分之一，但不应长到完全盖住皮带。颜色和图案应与西装和衬衫相配，避免过于花哨或对比过于强烈（如图2.23）。

图 2.23　男士衣领和领带

3.鞋袜的选择

（1）皮鞋。

黑色或深棕色的皮鞋是商务场合的首选，应保持干净整洁。鞋面应无划痕，鞋底无泥土（如图2.24）。

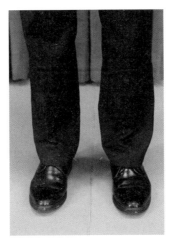

图2.24　男士皮鞋

（2）袜子。

袜子应与西装和皮鞋的颜色相协调，一般以深色调为主。避免穿着白色或过于花哨的袜子，以免显得不够专业。

4.其他要点

（1）扣子与口袋。

西装扣子的系法有讲究，通常，单排扣西装的最后一颗扣子不扣，而双排扣西装则应将全部扣子扣好。西装的口袋不宜放置过多物品，以保持整体造型的简洁和流畅，特别是西装上衣外侧的两个口袋不能放任何物品。

（2）定期干洗，妥善收纳。

西装、衬衫等应定期送到专业的干洗店进行清洗，以保持其原有的质感和光泽度。不穿的西装和衬衫应挂在衣架上，避免折叠或压迫产生皱褶。同时，注意衣柜的通风和干燥，防止衣物发霉或变质。一个人应保持衣物整洁、干净，如《论语》中所言："文质彬彬，然后君子。"整洁的外表是对他人的尊重，也是自我尊重的体现。

（3）色彩搭配原则。

①三色原则。穿西服套装时，全身的颜色不应超过三种，这包括上衣、裤子、

衬衫、领带、鞋子和袜子。保持颜色搭配的简洁和协调,有助于展现穿着者的专业和严谨。

②三一定律。三一定律指的是鞋子、腰带、公文包应为同一颜色,这样的搭配能显得整体造型更加统一和高级。

(4)正式场合佩戴领带的要点。

除了指定工作服需要,正式场合一般不佩戴"一拉得"领带,否则会显得有失档次和品位。

5. 着装禁忌

(1)不适合的裤子长度。

在正式场合,男性不应穿短裤。应选择长度适中的长裤,以展现专业和严谨的态度。

(2)穿着有很明显品牌标签的衣服。

避免成为"移动的广告",专业形象不应被明显的品牌标识所影响。

第三节

配饰之礼,点缀得体

仪表礼仪:配饰礼仪

服务行业中,简约得体的配饰不仅能够增添个人的气质与风采,更是对职业形象的一种细致呈现。

一、适合职场佩戴的配饰种类与特点

1. 耳饰

服务业工作场景中,某些行业不允许佩戴耳饰;而一般职场则可以选择小巧、设计简单的耳环,如银色或金色的小耳钉(如图 2.25),既优雅又不失时尚感。避免使用过大或夸张的耳环,以免给客户造成不必要的视觉干扰。

图 2.25　女士饰品

2. 项链

一条简单的细链条项链或小巧的吊坠项链可以提升整体着装的品位。避免佩戴过于复杂或粗大的项链。

3. 手表

一款简约的手表(如图 2.26)是职场人士的标配,它不仅方便掌握时间,也是专业形象的体现。避免佩戴过于花哨的运动手表或装饰性过强的时尚手表。

图 2.26　男士手表

4. 皮包

选择皮质优良、设计简约但容量适中的手提包或链条包（如图 2.27），既能装下必要物品，又符合职场正式、专业的氛围。

图 2.27　男士皮包

二、配饰的搭配原则

1. 色彩协调

配饰的颜色应与服装颜色相协调，避免过于突兀的色彩对比。

2. 数量适度

配饰的数量不宜过多，以免显得杂乱无章。一般来说，全身配饰不应超过三件。

3. 质量优先

宁缺毋滥，选择质量上乘、做工精细的配饰，更能衬托出个人的品位与专业素养。

三、实用配饰搭配建议

1. 根据场合选择

在正式的商务场合，应选择更为简约而精致的配饰；而在休闲的商务活动中，可以稍微增加一些时尚元素，但仍需保持整体形象的协调性。

2. 注重细节

定期检查配饰的完好性，如项链是否打结、耳钉是否松动等，确保在任何时候都能以最佳状态示人。

3. 个性化搭配

在遵循简约得体原则的基础上，可以根据自己的脸型、肤色等特点选择适合自己的配饰款式和颜色。

第四节

仪态之礼，态正仪端

仪态，也称仪表、姿态，泛指人们身体所呈现出的各种姿态，包括举止动作、神态表情和相对静止的体态。这些身体语言可以传递个人的思想感情，反映精神状态和文化教养。如中国传统礼仪中的"站如松，坐如钟，走如风，卧如弓"，就是对仪态的一种形象描述。仪态礼仪在服务行业中占据着举足轻重的地位，它不仅是服务人员专业素养和形象的直观体现，更直接影响到客户的服务体验和对服务质量的评价。

仪态礼仪：站姿

一、站姿

站姿，即人们站立时的姿态。它是人们平时所采用的一种静态的身体造型，同时又是其他动态身体造型的基础和起点。站姿最能表现出一个人的姿势特征，如古人所言，"站如松"，站姿应像松树般挺拔，展现出人的精神风貌。在服务礼仪中，站立姿势是全部仪态的核心，而在服务中根据不同场合可使用不同的站姿。

（一）礼宾站姿

在服务行业中，在庄重和正式的场合，礼宾人员可采取更为庄重、优雅的站姿，礼宾站姿不仅是对宾客尊重的体现，也是服务人员专业素养的展示。

1. 头部姿态和面部表情

头要正，脖颈挺直，双目平视前方，面带微笑，表情自然平和（如图2.28）。

图 2.28　头部姿态和面部表情

2. 肩部和手形

两肩放松，稍向下压。在《礼记·内则》中记载"男拜尚左手，女拜尚右手"，因此男士行站姿礼时左手在上，而女士行站姿礼时右手在上。

男士左手五指完全并拢，左手小指外侧放在右手指关节处（如图2.29），双手交叠轻放于肚脐高度（如图2.30），但不可叉腰、抱胸或插入衣袋。

图 2.29　男士手形（手握法）　　图 2.30　男士站姿手的高度

女士右手四指并拢，食指放在左手指关节处，大拇指藏于掌心处，手指尽量舒展（如图 2.31），双手交叠轻放于肚脐高度（如图 2.32）。

图 2.31　女士手形（手握法）　　图 2.32　女士站姿手的高度

3. 躯干和腰部

挺胸、收腹、立腰，脊椎、后背挺直，保持身体的端正。避免含胸、驼背或过分挺胸等不自然姿态。

4. 腿部和脚部

两腿立直，身体重量平均分布在两只脚上，双腿膝盖伸直并夹紧。脚位可以分为以下几种。正步位：双脚并拢（如图 2.33），男女均适用。V 字位：双脚呈小 V 字形站立，两脚尖夹角约为 45°至 60°（如图 2.34），男女均适用。另外，男士还可以将脚打开，呈大 V 字形，脚后跟打开几乎和肩膀同宽（如

图2.35）。丁字位：女士可以站丁字步，右脚往后撤半步，右脚脚弓中间紧贴左脚脚跟（如图2.36）；如果撤左脚做法相同。

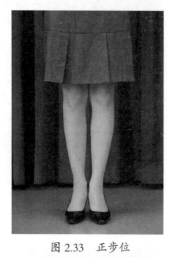

图2.33　正步位

图2.34　V字位

图2.35　男士大V字步

图2.36　女士丁字步

（二）服务站姿

在服务时，正确的站姿有助于服务人员与顾客之间建立良好的沟通交流氛围，使顾客更愿意与服务人员分享需求和意见，也有助于服务人员观察和理解顾客的需求，从而提供更贴心的服务。

1. 男士服务站姿

①站立时，男士应确保身体正直，不偏不倚。重心应放在两脚之间，稍微靠前，以保持身体的稳定。

②头部应保持端正，双眼平视前方，表情自然，展现出自信与从容。

③双肩应自然放松，保持水平，避免出现耸肩或斜肩。

④双手可自然下垂于身体两侧（如图 2.37）；或左手五指完全并拢，左手小指外侧放在右手指关节处，双手交叠于肚脐以下约三指处（如图 2.38），但不要交叉于胸前或插入裤兜内。

图 2.37　服务站姿（1）　　图 2.38　服务站姿（2）

⑤双腿应并拢呈小 V 字形或稍微分开呈大 V 字形与肩同宽。双脚平放在地面上，脚尖可略微外展。

2. 女士服务站姿

①女士站立时，同样需要保持身体正直。重心放在两脚中间，有助于维持优雅而稳定的站姿。

②头部端正，双眼平视前方，面带微笑，展现出温婉与亲切。

③双肩放松，自然下沉，不要耸肩或歪斜。

④右手四指并拢，食指放在左手指关节处，双手交叠轻放于肚脐往下三个手指宽的高度，大拇指藏于掌心处，手指尽量舒展（如图 2.39）。

图 2.39　女士服务站姿

⑤双腿并拢成正步位,或后脚跟并拢脚尖呈小 V 字形站立。

仪态礼仪:坐姿

二、坐姿

坐姿是指人在就座之后身体所保持的一种姿态。它不仅仅是一个简单的动作或习惯,更是一种非言语的沟通方式,能够反映出一个人的教养、态度、情感和性格。《礼记·曲礼》对坐姿有着详细的规定,其中提到,"坐毋箕",即坐时不要像簸箕一样张开两腿,这是为了表示对他人的尊重和自身的庄重。这一规定体现了古代人对于坐姿的严谨要求,以及坐姿在礼仪中的重要性。

(一)不同的坐姿

1. 标准坐姿(正位坐姿)

标准坐姿,又称正位坐姿,是正式场合中最常用的坐姿,也是服务场合常用的坐姿,此坐姿男女均适合(如图 2.40)。

图 2.40　正位坐姿

(1)身体姿态。

坐在椅子上时,应保持背部挺直,但不要过于僵硬。双肩放松,保持水平,避免出现耸肩或斜肩的情况。头部端正,目光平视前方,表现出自信与坦诚。

（2）腿部姿势。

双膝自然并拢，男士可略微分开，但不可超过肩宽（如图2.41）。双脚平放在地面上，女士若穿的是裙子，应注意将双腿并拢，避免出现走光的情况（如图2.42）。

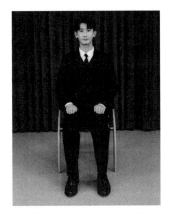
图2.41　男士正位坐姿

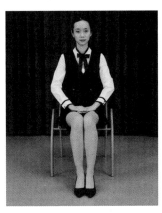
图2.42　女士正位坐姿

（3）注意事项。

入座时，应轻盈而稳重，避免发出过大的声响。在长时间坐着时，可以适时调整坐姿，以缓解疲劳，但要保持整体的端庄与优雅。

2.前伸后屈式坐姿

前伸后屈式坐姿适用于需要较长时间坐着，且需要稍微放松的场合或服务场合，女士适用（如图2.43）。

图2.43　前伸后屈式坐姿

（1）身体姿态。

在保持背部挺直的基础上，上半身可微微前倾，表示对对方的关注和尊重。

（2）腿部姿势。

双腿一前一后屈伸，前伸的腿保持小腿与大腿之间的角度适中，后屈的腿则自然弯曲，双脚平放在地面上。

（3）注意事项。

在采用这种坐姿时，应避免过度前倾或后仰，以免造成不雅观或给人不专业的印象。同时，要注意双腿的摆放，不要过于随意或夸张。

3. 双腿斜放式坐姿

双腿斜放式坐姿适用于较为轻松的社交场合，女士适用（如图2.44）。

图 2.44　双腿斜放式坐姿

（1）身体姿态。

保持背部挺直，上半身可微微侧向一边，展现出优雅而随意的姿态。

（2）腿部姿势。

双腿并拢后，同时向一侧斜放，与地面成45°左右的夹角。双脚可以交叉放置，也可以并拢平放。

（3）注意事项。

在采用这种坐姿时，要注意整体的协调性，避免出现身体扭曲或姿势不自然的情况。同时，要根据场合和气氛来判断是否适合采用这种坐姿。

4. 双腿交叉式坐姿

该坐姿通常适用于穿短裙的女士，在正式或半正式场合中采用，以展现优雅和得体（如图2.45）。

图 2.45　双腿交叉式坐姿

（1）身体姿态。

保持背部挺直，展现出端庄而稳重的姿态。双肩放松，头部端正。双手可交叠轻放在桌子上或膝盖上。

（2）腿部姿势。

双腿交叉叠放，通常是将一条腿交叉叠放在另一条腿上，膝盖略微弯曲。双脚可以并拢放置，也可以交叉放置。

（3）注意事项。

在采用这种坐姿时，要注意双腿的交叉程度，避免过于夸张或不自然，双脚脚尖着地。同时，要保持整体的平衡感，避免身体倾斜或摇晃。在需要长时间坐着时，可以适时调整双腿的交叉方向，以缓解疲劳。

5. 重叠式坐姿

该坐姿通常适用于在休闲聚会、社交活动等非正式场合，它同样能体现一种轻松而不失礼仪的风度。对于女性而言，穿着短裙时采用这种坐姿，还能有效避免走光，增添一份优雅（如图 2.46、图 2.47）。

图 2.46　男士重叠式坐姿　　图 2.47　女士重叠式坐姿

(1) 身体姿态。

应挺直腰背，保持上半身直立，背部与椅背之间保持一定距离，避免完全倚靠，以展现良好的精神状态。头部应自然摆正，颈部放松，目光平视前方或与人交谈时轻微倾斜，以表示关注与尊重。双臂可自然交叠放在双腿上，或轻放于桌面、扶手等支撑物上，保持双手的放松状态。

(2) 腿部姿势。

腿部姿势是重叠式坐姿的核心。在标准坐姿的基础上，将一条腿的脚踝置于另一条腿的膝盖上方，小腿内收贴紧另一条腿，脚尖自然下垂或微向外侧倾斜。两腿之间不应留有缝隙，以呈现一条直线的视觉效果。此外，根据具体需要，重叠式坐姿的腿部姿势还可以进行微调，如双脚可垂直于地面或同时向右侧或左侧斜放（与地面成45°角），以增加坐姿的灵活性。

(3) 注意事项。

在采用重叠式坐姿时，还需要注意一些细节。首先，应避免上半身过度倾斜，以免影响形象并给腰部带来不必要的负担。其次，脚尖不应翘起直指他人，这是一种不礼貌的行为。应确保脚尖自然下垂或微向外侧倾斜。在离座时，应先缓慢将交叉的腿放回原位，然后保持平稳的速度站起，避免弄响座椅或引起他人注意。此外，虽然重叠式坐姿美观，但长时间保持可能导致血液循环不畅，建议适时变换坐姿以缓解身体压力。最后，在不同的场合下，应根据实际情况调整坐姿的正式程度，以展现出适当的礼仪风范。

（二）坐姿的动作要领

1. 入座

入座时应从座位的左侧轻稳地走向座位，右腿后退一步确认椅子位置，保持上身直立，轻盈地坐下。女士如穿裙子，应用双手在身后捋顺裙子再轻盈坐下。

2. 离座

离座时，先向周围的人示意，右脚后撤一步，保持身体直立，然后轻轻站起。

3. 调整姿势

坐在椅子的前半部分为宜，最多不超过2/3，这样既不会显得拘谨，又能够保持身体的平衡。保持腰背挺直，但不要过分僵硬，双肩放松下沉，避免耸肩或佝偻，久坐时，可以轻轻变换交叉的双脚，以缓解疲劳。

4. 坐姿禁忌

避免过度放松，如瘫坐在椅子上或把脚搁在椅子上；避免在座位上扭动身体、抖动双腿、频繁转换姿势或做出其他不雅的小动作（如图2.48）。

图2.48　不雅坐姿

三、走姿

仪态礼仪：走姿

走姿，即行走的姿势，指一个人行走时的体态和风度，《弟子规》"谨"篇中记载"步从容，立端正"，强调了行走时要从容不迫，端庄稳重。优雅端庄的走姿是个人形象的重要组成部分，通过掌握正确的走姿要领并勤加练习，每个人都能够在行走中展现出自己的风采和自信。在服务行业，得体的走姿更是提升服务质量、展现专业素养的重要一环（如图2.49）。

图2.49　走姿

（一）走姿的动作要领

1. 头部姿势

行走时，头部应保持正直，目光平视前方，表情自然，面带微笑。避免摇头晃脑或四处张望。

2. 肩部动作

双肩应自然放松，不要耸肩或刻意下沉。摆动时幅度不宜过大，保持平稳。

3. 手臂摆动

行走时，双臂可自然前后摆动，以维持身体平衡。手臂摆动幅度一般不超过 30°，避免过度夸张。

4. 步伐与步速

步伐应稳健、轻盈，步速适中。不宜过快显得匆忙，也不宜过慢显得懒散。一般情况下，男士步幅约 40 cm，女士步幅略小。

5. 身体姿态

行走时，身体应保持直立，挺胸收腹。避免佝偻、驼背等不良姿势。

6. 转向动作

需要转弯时，以脚尖和脚跟的"内外八字"来调整方向，避免身体大幅度扭转。

（二）走姿的禁忌

1. 避免内外八字脚

内八字或外八字行走不仅影响美观，长时间这样行走还可能对身体造成不良影响。

2. 不要低头含胸

行走时，应保持头部抬起，目光自信，展现出积极向上的精神风貌。

3. 忌步伐过大或过小

过大的步伐会显得鲁莽，过小的步伐则显得拘谨。应根据自身情况调整合适的步幅。

4. 不要手舞足蹈

行走时，手臂的摆动应自然，避免过度夸张或手舞足蹈。

5. 禁止奔跑或蹦跳

在正式场合，奔跑或蹦跳会显得不够稳重，应时刻保持优雅的行走姿态。

仪态礼仪：行礼方式

四、鞠躬

鞠躬最早起源于我国商代，是一种表达敬意和恭顺的礼节。在先秦时期，"鞠躬"一词就已经出现，如《仪礼·聘礼》中描述："执圭，入门，鞠躬焉，如恐失之。"这里，"鞠躬"形容的是恭敬谨慎的样子。随着时间的流逝，鞠躬逐渐成为一种普遍的社交礼节，被广泛应用于各种场合。在服务行业，鞠躬常被用作对客户或来宾表示欢迎、感谢或歉意等情感的一种体态语言。

（一）鞠躬的动作要领

1. 准备姿势

站立时，双脚并拢，身体立直，双手自然下垂或交叠于身前，保持面带微笑，目光自然注视前方。

2. 鞠躬过程

以腰部为轴，上身前倾，视线随之自然下垂；男性双手应放在身体两侧，女性则将双手交叠于腹前。鞠躬的深度可根据礼节之轻重而定，一般分为15°、30°、45°、90°几种。日常服务中通常采用15°~30°的鞠躬（如图2.50）。

   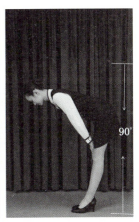

图2.50 鞠躬

3. 起身

鞠躬后，应稍作停顿再慢慢起身，恢复准备姿势。起身过程中，仍应保持面带微笑，目光柔和。

（二）鞠躬的禁忌

1. 忌敷衍了事

鞠躬时应真诚、庄重，不可草率行事，以免给人不尊重的印象。

2. 忌速度过快

鞠躬的过程应匀速且流畅，过快会显得不够敬重。

3. 忌目光不正

鞠躬时，目光应自然下垂或注视地面，避免左顾右盼。

4. 忌身体不协调

鞠躬时要保持身体的协调性，避免出现弯腰驼背或身体扭曲的情况。

五、蹲姿

仪态礼仪：蹲姿

蹲姿是指在特定情境下，为了完成某项工作或保持一种较为舒适的姿态而采取的下蹲动作。在服务行业中，蹲姿往往用于低处取物、整理低位物品或在必要时为客人提供服务等场合。

（一）蹲姿的动作要领

1. 高低式蹲姿

（1）适用场合。

适用于多种场合，尤其当需要较长时间保持蹲姿时。

（2）动作要领。

下蹲时，左脚在前，右脚稍后，两腿靠紧向下蹲。左脚全脚着地，小腿基本垂直于地面，右脚脚跟提起，脚掌着地。右膝低于左膝，右膝内侧靠于左小腿内侧，形成左膝高右膝低的姿态，臀部向下，基本上以右腿支撑身体。下蹲和起身时，动作应平缓流畅，避免突然蹲下或站起（如图 2.51）。

图 2.51 高低式蹲姿

（3）优点。

稳定、舒适，适合长时间保持。

2. 交叉式蹲姿

（1）适用场合。

适用于多种场合，尤其适合穿短裙的女士，能有效避免走光。

（2）动作要领。

下蹲时，左脚在前，右脚在后，左小腿垂直于地面，全脚着地。右膝由后面伸向左侧，右脚跟抬起，脚掌着地。两腿靠紧，合力支撑身体。臀部向下，上身稍前倾（如图 2.52）。

图 2.52 交叉式蹲姿

（3）优点。

优雅、得体，能很好地保护个人隐私。

（二）蹲姿的禁忌

（1）突然下蹲或突然站起，以免引起身体不适或造成姿势不雅。

（2）忌弯腰撅臀，应保持腰部挺直，以展示优雅的仪态。

（3）忌蹲姿时露出内衣或身体不适当的部分，以确保着装的得体和专业性。

（4）忌在公共场合长时间保持蹲姿，以免影响他人或造成不必要的围观。

六、手势

仪态礼仪：服务的手势

手势是指通过手和手指的动作来传情达意的一种体态语言。在服务行业中，手势不仅可以指示方向，还可以是沟通交流的重要辅助工具，还是展示服务人员专业素养和态度的重要方式。优雅、得体的手势能够增强沟通效果，提升服务质量，给客户留下深刻印象。

（一）手势的动作要领（以右手为例）

1. 前摆式

站立姿势要端正，双脚并拢或微微分开。伸出右手，大臂在身体正前方往右60°处，与身体夹角为一拳距离，小臂平行地面自然伸直，不要过度僵硬。手掌略向上倾斜约45°，四指自然并拢，大拇指自然张开。用目光和微笑配合手势，先看向客户再转向指示的方向，另一只手自然下垂在体侧（如图2.53）。

图 2.53　前摆式

前摆式手势适用于指引方向。

2. 下摆式

伸出右手,大臂在身体正前方往右60°处,与身体夹角为一拳距离,小臂往地面方向,与身体约45°,指尖指向地面斜下方(如图2.54)。

图 2.54 下摆式

下摆式手势适用于提示脚下或较低方位。

3. 上摆式

伸出右手,大臂在身体正前方往右60°处,约与地面平行,小臂往斜上方与大臂夹角约135°,手掌心高度约与眼角持平,做上摆式时,切记手不高过头顶(如图2.55)。

图 2.55 上摆式

上摆式手势适用于指示较高方位。

4.递送物品

用双手捧着物品，若物品为尖物时，注意尖角应向着自己递出（如图2.56）。

图 2.56　递物

保持物品的正面朝上，如果是文件或书籍，应使文字或封面正向对着接收者（如图2.57）。

图 2.57　递书

递送时略微弯腰，表示尊重和谦逊。

递出物品时配以适当的语言，如"请您收好"。

5.挥手告别

身体保持直立,双脚并拢或微微分开。伸出右手,近距离时,手臂自然弯曲,在脸腮旁;较远距离时,手臂自然伸直。手掌朝外,五指自然并拢,不要握拳。左右轻轻挥动,幅度适中,不要过于夸张。挥手时面带微笑,目光注视对方,表达出友好和尊重(如图2.58)。

图2.58 挥手

(二)手势的禁忌

①忌用单指指示方向或物品(如图2.59),应使用正确的指引手势。

图2.59 手指方向

②忌递送物品时随手抛出或用单手递送,应双手递送并表示敬意。
③挥手告别时忌动作粗鲁或轻浮,应保持优雅大方。

课后练习

一、案例分析题

（一）

张丽是一家大型企业的前台接待员，她每天都会面对众多的客户和来访者。公司对于员工的职业形象有严格的要求，尤其是在妆容和配饰方面。然而，张丽个人偏好浓重的妆容和夸张的配饰，她认为这能更好地展现自己的个性。

1. 根据职业妆容礼仪，分析张丽的妆容选择是否恰当，并说明理由。
2. 配饰在职业形象中扮演怎样的角色？请结合张丽的情况，给出你的建议。
3. 如何在保持个性和遵守职业礼仪之间找到平衡点？请提出你的看法。

（二）

李华是一家咨询公司的销售代表，经常需要与客户进行面对面的商务谈判。在一次重要的商务会议中，李华不经意间跷起了二郎腿，并且在与客户交流时多次打断对方说话。

1. 分析李华在会议中的仪态表现，指出其不当之处。
2. 跷二郎腿和打断他人说话在商务礼仪中为何被视为不恰当的行为？
3. 假设你是李华的同事，会后你会如何向他提出建设性的建议，以帮助他改善仪态礼仪？

（三）

王明是一家五星级酒店的大堂经理，他的工作需要经常与各种客户打交道，包括商务客人、旅游团队以及举办活动的组织者等。王明深知职业形象对于工作的重要性，因此他总是努力保持整洁的着装、得体的举止以及专业的言谈。

1. 根据你的理解，描述一个合格的大堂经理应具备的职业形象特点。
2. 假设你是王明的同事，你如何评价他在职业形象塑造方面的努力？
3. 在与客户沟通时，除了着装和举止外，还有哪些因素会影响大堂经理的职业形象？请列举并说明。

二、要点巩固

（一）单选题

（1）在职业妆容的选择上，以下哪项是不恰当的？（ ）

    A. 淡雅自然的底妆

    B. 鲜艳的眼影

    C. 适度的腮红

    D. 自然的口红色号

（2）关于配饰礼仪，以下哪种说法是正确的？（ ）

    A. 男性在职场中不应佩戴任何饰品

    B. 女性可以佩戴夸张的耳环以吸引注意

    C. 配饰应该简洁、大方，避免过于烦琐

    D. 佩戴的配饰越多越好，以彰显个性

（3）在正式场合中，以下哪种仪态是不恰当的？（ ）

    A. 坐姿端正，不跷二郎腿

    B. 与人交谈时，正视对方眼睛

    C. 随意打断他人讲话

    D. 行走时步履稳健，不慌张

（4）关于职业妆容，以下哪项描述是错误的？（ ）

    A. 职业妆容应注重自然、清新的效果

    B. 男性在职场中不需要注重妆容

    C. 适当的妆容可以提升个人形象和专业度

    D. 妆容的选择应与职业环境相协调

（5）在职场中佩戴配饰时，以下哪种做法是不合适的？（ ）

    A. 根据服装颜色搭配适合的配饰

    B. 佩戴具有特殊意义的饰品，如家族传承的首饰

    C. 佩戴过于昂贵或炫耀性的配饰

D. 选择简约而精致的款式

（二）多选题

（1）在职业场合中，关于配饰的选择，以下哪些说法是正确的？（   ）

　　A. 配饰应该与职业装相匹配，避免过于夸张或花哨的款式

　　B. 男性可以选择简约的手表和皮带作为配饰，以提升整体形象

　　C. 女性可以佩戴较大的耳环和多层手链，以彰显个性

　　D. 无论男女，配饰都应简约、精致，不宜过多或过大

（2）仪态礼仪中，正确的坐姿包括哪些要素？（   ）

　　A. 背部挺直

　　B. 双脚并拢或稍分开

　　C. 跷二郎腿

　　D. 双手交叠轻放在桌子上或放在膝上

（3）关于职业妆容，以下哪些描述是正确的？（   ）

　　A. 职业妆容应该自然、清新，避免过于浓重或夸张的妆容

　　B. 女性可以化淡妆，以突出自己的五官特点，但不宜过于浓艳

　　C. 男性不需要注重妆容，只需保持面部清洁即可

　　D. 无论男女，都应注意保持牙齿的清洁和整齐，这也是职业妆容的一部分

（4）在选择职场服装时，以下哪些因素是需要考虑的？（   ）

　　A. 服装的颜色和款式应与公司的文化和氛围相协调

　　B. 服装应干净整洁，无破损或褶皱

　　C. 为了彰显个性，可以选择色彩鲜艳、款式新颖的服装

　　D. 服装的搭配应注重整体效果，避免过于复杂或混乱

（5）以下哪些行为符合正式场合的仪态礼仪？（   ）

　　A. 交谈时保持适当的距离

　　B. 频繁打断对方讲话以显示自己的见解

　　C. 行走时保持稳健的步伐

D. 站立时双脚分开与肩同宽，双手自然下垂

三、实践训练

（一）职业妆容打造

训练目标：掌握职业妆容的基本技巧，能够根据自己的面部特点和职业要求，打造出自然、得体的职业妆容。

训练步骤：

1. 准备化妆工具和产品，包括底妆、眼妆、腮红、口红等。

2. 清洁面部，做好基础护肤。

3. 根据自己的肤色选择合适的底妆产品，均匀涂抹于面部，遮盖瑕疵，提亮肤色。

4. 使用自然色系的眼影，突出眼部轮廓，避免使用过于鲜艳的眼影。

5. 修饰眉形，使眉毛看起来整齐、自然。

6. 涂抹适度的腮红，增加气色。

7. 选择合适的口红色号，提升整体妆容的精致度。

（二）配饰选择与搭配

训练目标：学会根据职业装和职业场合选择合适的配饰，提升整体形象的专业度。

训练步骤：

1. 准备不同风格的配饰，如耳环、项链、手表、皮带等。

2. 选择一套职业装，思考如何搭配配饰以提升整体形象。

3. 根据职业装的颜色和款式，从准备的配饰中选择合适的搭配。

4. 考虑配饰的质地、颜色和数量，确保搭配得当，不过于烦琐或夸张。

5. 对着镜子检查整体效果，调整配饰的位置和角度，达到最佳视觉效果。

（三）仪态训练

训练目标：通过实践训练，掌握正确的坐姿、站姿和行走姿态，提升仪

态的端庄和专业度。

训练步骤：

1. 坐姿训练：

①选择一把椅子，坐在椅子的前半部分，保持腰背挺直。

②双脚并拢或稍分开，双手交叠轻放在桌子上或放在膝上。

③练习与人交谈时的坐姿，保持微笑，目光正视对方。

2. 站姿训练：

①双脚分开与肩同宽，站直身体，收腹挺胸。

②双臂自然下垂，双手相交于腹前或放在身体两侧。

③练习在不同场合下的站姿，如接待客户、参加会议等。

3. 行走姿态训练：

①迈步时脚尖向前，步伐稳健有力，避免内外八字脚。

②双臂自然摆动，与步伐协调一致。

③练习在不同速度下的行走姿态，保持端庄大方。

参考答案

第三章
表情礼仪：表情达意，礼待宾客

礼仪指引

面部是人体最能表情达意的部位，面部表情通过人的眼睛、嘴巴、鼻子、面部肌肉的综合运用来表现，是一种丰富且复杂的体态语。在各种表情形式中，注视和微笑都传递着最重要的信息。本章重点介绍服务者对眼神和微笑的"表情管理"。

知识目标

1. 了解面部表情在人际交往中的重要作用，特别是在服务行业对客服务中眼神运用和微笑服务的礼仪规范。

2. 学习并掌握人脸能够做出的不同表情类型，特别是注视和微笑这两种传递重要信息的表情形式。

3. 了解在服务过程中，目光接触的时间、角度以及微笑的正确方式，以营造舒适和专业的服务氛围。

能力目标

1. 能够在对客服务中恰当有效地运用眼神，根据客人的性格和需求调整目光接触的时间和方式。

2. 学会如何通过微笑展现真诚和热情，提高客户满意度和信任感。

3. 具备在复杂的服务场景中，如客人表达不满或投诉时，运用眼神和微笑来妥善处理的能力。

素质目标

1. 通过表情礼仪的学习和实践，展现出良好的气质风度和专业形象。

2. 培养健康的心态和乐观的情绪，以积极的心态面对工作中的挑战和压力。

3. 提升个人修养，形成尊重他人、善于沟通、注重细节的服务意识。

思政目标

1. 通过学习表情礼仪，认识到服务行业中真诚、热情、尊重他人的重要性，培养服务意识和职业道德。

2. 通过实践中的角色扮演和案例分析，体验并理解服务工作的价值和意义，增强职业认同感和责任感。

3. 培养健康心态、乐观情绪、良好修养等个人素质，在服务中由内而外地传达真诚的眼神和微笑，树立良好的个人形象和企业形象。

经典传诵

林黛玉抛父进京都

不一时，只见三个奶嬷嬷并五六个丫鬟，簇拥着三个姊妹来了。第一个肌肤微丰，合中身材，腮凝新荔，鼻腻鹅脂，温柔沉默，观之可亲。第二个削肩细腰，长挑身材，鸭蛋脸面，俊眼修眉，顾盼神飞，文采精华，见之忘俗。第三个身量未足，形容尚小。其钗环裙袄，三人皆是一样的妆饰。

只听后院中有人笑声，说："我来迟了，不曾迎接远客！"黛玉纳罕道："这些人个个皆敛声屏气，恭肃严整如此，这来者系谁，这样放诞无礼？"心下想时，只见一群媳妇丫鬟围拥着一个人从后房门进来。这个人打扮与众姑娘不同，彩绣辉煌，恍若神妃仙子。头上戴着金丝八宝攒珠髻，绾着朝阳五凤挂珠钗，项上戴着赤金盘螭璎珞圈，裙边系着豆绿宫绦双衡比目玫瑰佩，身上穿着缕金百蝶穿花大红洋缎窄裉袄，外罩五彩刻丝石青银鼠褂，下着翡翠撒花洋绉裙。一双丹凤三角眼，两弯柳叶吊梢眉，身量苗条，体格风骚，粉面含春威不露，丹唇未启笑先闻。

黛玉连忙起身接见。贾母笑道："你不认得他，他是我们这里有名的一个泼皮破落户儿，南省俗谓作'辣子'，你只叫他'凤辣子'就是了。"黛玉正不知以何称呼，只见众姊妹都忙告诉他道："这是琏嫂子。"黛玉虽不识，也曾听见母亲说过，大舅贾赦之子贾琏，娶的就是二舅母王氏之内侄女，自幼假充男儿教养的，学名王熙凤。黛玉忙陪笑见礼，以"嫂"呼之。

——节选自《红楼梦》第三回
（部分内容删减）

经典启示

"粉面含春威不露，丹唇未启笑先闻"，这句话虽然没有直接描写眼神，但通过"威不露"和"笑先闻"两个词语，间接地展现了人物眼神中蕴含的威严与机智。文学作品的表情描写传神地体现人物性格特点，现实生活中人们运用眼神、微笑等表情传递情感态度。现代服务礼仪规范中，不同场合的表情管理有什么讲究？

小格言

孟子曰："存乎人者，莫良于眸子。眸子不能掩其恶。胸中正，则眸子瞭焉；胸中不正，则眸子眊焉。听其言也，观其眸子，人焉廋哉？"

第一节

目光之礼，意切神专

表情礼仪：目光礼仪

"目者，心之使也，心者，神之舍也"出自《灵枢·大惑论》，这句话阐述了眼睛与心灵之间的密切关系。眼睛被视为心灵的使者，能够传达心灵的信息和意图；而心灵主宰着人的精神意识和思维活动。汉语中描述眉目表情的成语就有几十个，如"眉目传情""暗送秋波""眉开眼笑""瞠目结舌""怒目而视"等，可见眼睛在反映一个人内心世界方面的重要性。

服务过程中我们以亲切友善的目光展示良好的服务形象。同时，通过观察对方的眼神可以更好地理解对方的情感和态度，从而做出更恰当的回应。服务者在与客人交流时，眼神运用可注意四个"度"：亲切真诚的态度、停留时间的适度、恰当稳定的角度和兼顾四周的风度。

一、态度亲切真诚，注视恰当区域

服务员在与客人交流时，可以以亲切、自信、真诚的目光注视对方，避免左顾右盼或有羞涩之感。在近距离服务时，服务者的目光可停留在客人双眼与唇心形成的小三角区范围（如图3.1）。有时服务者往往会因为工作的实际需要，关注对方双眼至唇心以外的范围，如递接物品时适当注视对方手部，在商店里为顾客试穿鞋子时注视对方脚部，为顾客试穿衣服关注顾客的全身以便顾客需要时提供帮助或客观的建议。

图3.1　服务目光注视处

需要注意的是，服务过程中注视的目光不宜停留过久，且无故注视打量服务对象的头顶、胸部、腹部、臀部或大腿会让客人感到被冒犯，引发宾客关系危机。

二、适度停留时长，让客人舒心自在

服务者与客人交谈时，目光与对方接触的时间一般占总交谈时长的三分之一，这样可传达友好的态度，同时给客人留有心理空间。对内向型的客人过于密切的注视易让对方感到压力，此外在客人独自用餐或休息时，服务员应避免长时间盯着客人看，以免给客人带来不适。面对客人表达不满甚至投诉的时候则需要常常把目光投向对方以表重视，此时可增加目光停留时间至全部交谈时长的三分之二。

需要注意，如果服务者的目光停留时间占总时长不到三分之一，客人可能会感觉到被怠慢；超过三分之二则会让客人感到被过度关注甚至有敌意。

三、注视角度稳定，营造良好服务氛围

《礼记·曲礼》中提道："凡视，上于面则傲，下于带则忧，倾则奸。"意思是，视线高于面部显得高傲自大，低于腰部则忧虑无神，斜视、游移则显得奸诈不正。因此对客服务时，服务者要把握好目光投向客人的角度，做到角度稳定，避免上下打量。具体还要注意以下几点。

（1）服务者应正视客人，避免斜视。

注视他人时应与之正面相向。即使服务对象处于自己身体的一侧，服务者也需要将面部与上身转向对方，以表尊重。

（2）尽量平视，避免俯视。

注视客人时服务者的目光与客人的目光处于相似的高度，既表达尊重，亦展现新时代服务礼仪平等的人文内涵；同时避免俯视客人，以免让客人感到被轻慢。服务礼仪建议服务者无论是站立还是就座之处都不高于服务对象，也是出于同样的考虑。

（3）服务者也可适时采取仰视的角度。

服务者所处的物理位置比客人低，可抬头仰望对方，此时客人会明显感到被重视、被尊敬。

注视角度的把握需要根据服务对象灵活调整，避免斜视或偷偷注视，以让所有客人都感觉到舒适为宜。比如在对儿童或坐轮椅身体不便的客人服务时，我们可以根据对方的身高躬身或蹲下达到目光平视对方的效果。

四、目光兼顾四周，尽显服务风度

服务人员为多名客人进行服务时，需要兼顾四周，合理分配自己的目光。

如客人结伴而来，可重点关注主宾，也要兼顾在场的所有客人。比如客人在餐厅包厢宴请重要商务合作伙伴，服务者可对宴请者和主宾等重点服务对象多加关注，也要时常环视其他客人，及时捕捉客人的需要并给予反馈，避免任何一位客人感到被忽视。

如在场的客人互不相识，服务人员可按照先来后到的顺序为其服务。

比如在餐厅大厅服务时对先到之人多加注视的同时,以略带歉意的目光安抚其他等候的客人。如服务者为一桌客人点菜的同时有另一桌客人示意需要帮助,这时切忌以自己正在忙为由对另一桌客人的诉求置之不理。需要先给予眼神关注,再反馈有效的处理方式,可请客人稍等或者视情况立马呼叫其他同事前来服务。服务者的均衡关注会让诉求暂时得不到满足的客人稍感宽慰。

第二节

微笑之礼,宾至心暖

表情礼仪:微笑礼仪

以礼明智

宋代词人苏轼在《临江仙·送钱穆父》中写道:"一别都门三改火,天涯踏尽红尘。依然一笑作春温。"大意是苏轼与钱穆父自京城一别已经过去了三年的时间(古代"改火"即指一年),钱穆父在这三年间走遍天涯海角、辛苦奔波,两人重逢时依然保持着那份如同春天般温暖的情感。"依然一笑作春温"描述了微笑如春天般温暖人心的力量,亦展现了作者豁达的人生态度。

微笑是世界通用的体态语,甚至超越了时空、民族和文化差异。世界著名的希尔顿饭店总经理希尔顿先生亦深谙微笑的魅力。每次遇到员工,希尔顿先生都要询问这样一句话:"你今天对顾客微笑了没有?"他认为饭店里第一流的设备重要,而第一流服务员的微笑更重要。如果缺少服务员的美好微笑,好比花园里失去了春日的太阳和春风。

　　酒店从业者的微笑服务是健康心态、乐观情绪、良好修养等心理素质的自然流露，是给予宾客最好的礼遇；培养微笑服务的能力，亦是服务者的一种"个人修炼"。

一、保持积极心态，发自内心地真诚微笑

　　微笑往往源于内心的积极情绪。因此作为酒店服务人员，首先要保持积极乐观的心态，将个人的烦恼和不安暂时放在一边，全心全意地投入到服务工作中。这种积极的心态能够自然地反映在微笑上，让客人感受到真诚和热情。

二、保持刻意练习，形成规范微笑

　　微笑并不是简单的嘴角上扬，它需要一定的技巧和训练。酒店可以组织专门的培训，教授员工如何发出真诚的微笑。服务者可以经常对着镜子训练微笑，找出自己最满意的笑容，反复练习形成肌肉记忆；还可以有意识地将生活中自己最美好的情绪储存在记忆中，一旦投入服务工作就自然而然调动情绪记忆。

三、主动微笑服务，培养工作习惯

　　在对客服务过程中，员工应该主动向客人微笑。当目光与客人接触时，应立即微笑，并向客人点头致意。主动的微笑服务能迅速拉近服务者与客人的距离，营造出友好、热情的服务氛围。

四、打造微笑服务的质感，与眼神语言有机结合

　　微笑服务不仅仅局限于嘴部表情，否则可能给客人"皮笑肉不笑"的虚伪之感。有质感的真诚微笑对服务者的个人素质有较高要求，需配合眼神交流，与美好语言有机结合，锦心绣口、笑眼传神，微笑才能扣人心弦。微笑服务还要做到情绪饱满、神采奕奕、笑出感情、笑得亲切，展现服务者谦和稳重、大方得体的气质。

课后练习

一、案例分析题

微笑也要有分寸

某日华灯初上，一家餐厅里客人满座，服务员来回穿梭于餐桌和厨房之间，一派忙碌气氛。这时，一位服务员跑去向餐厅经理汇报，说客人投诉有盘海鲜菜中的蛤蜊不新鲜，吃起来有异味。这位餐厅经理自信颇有处理问题的本领和经验。于是不慌不忙地向投诉的客人那桌走去。一看，那不是老主顾张经理吗，他不禁心中有了底，于是迎上前去一阵寒暄："张经理，今天是什么风把您给吹来了，听服务员说您觉得蛤蜊不大对胃口……"这时张经理打断他说："并非不对胃口，而是我请来的客人尝了蛤蜊后马上讲这道菜千万不能吃，有异味，变了质的海鲜，吃了非出毛病不可！我可是东道主，自然要向你们提意见。"餐厅经理接着面带微笑，向张经理进行解释，蛤蜊不是鲜货，虽然味道有些不纯正，但吃了不要紧的，希望他和其余客人谅解包涵。

不料此时，在座的那位客人突然站起来，指着餐厅经理的鼻子大骂起来，意思是，你还笑得出来，我们拉肚子怎么办？你应该负责任，不光是支付治疗费而已。这突如其来的兴师问罪，使餐厅经理一下子怔住了！他脸上的微笑一下子变成了哭笑不得。到了这步田地，他想着如何下台阶，他在想，总不能让客人误会刚才我面带微笑的用意吧，又何况微笑服务是饭店员工首先应该做到的。于是他仍旧微笑着准备再做一些解释，不料，这次的微笑更加惹起了那位客人的怒火，甚至于流露出想动手的架势，幸亏张经理及时拉拉餐厅经理的衣角，示意他赶快离开现场，否则简直难以收场了。

事后，这一微笑终于使餐厅经理悟出了一些道理来。

（资料来源：https://wenku.baidu.com/view/a5fee1a88462caaedd3383c4bb4cf7ec4afeb6f4?aggId=78976c7c925f804d2b160b4e767f5acfa1c783fb&fr=catalogMain_text_ernie_recall_v1：wk_recommend_main3.）

分析上述案例，出现错误的主要原因是什么？如果你是餐厅经理，会如何做？

二、要点巩固

（一）判断题

（1）在服务过程中，服务员的目光应始终停留在客人的眼睛上，以显示尊重。（ ）

（2）与客人交流时，服务员的微笑应该是刻意练习的结果，而非自然流露。（ ）

（3）在处理客人投诉时，服务员的目光停留时间应占总交谈时长的三分之一。（ ）

（4）在服务多名客人时，服务员只需关注主宾，无须顾及其他客人。（ ）

（5）仰视客人总是能传达出尊重和重视的态度。（ ）

（6）微笑服务只需嘴角上扬，无须配合眼神和语言。（ ）

（7）斜视客人是服务过程中的一种有效沟通方式。（ ）

（二）单选题

（1）服务员在递接物品时，目光应适当注视客人的哪个部位？（ ）

  A. 眼睛

  B. 额头

  C. 手部

（2）在处理客人投诉时，服务员的目光停留时间应占总交谈时长的多少？（ ）

  A. 三分之一

  B. 三分之二

  C. 四分之一

（3）微笑服务中，与眼神语言有机结合的目的是什么？（ ）

  A. 增加工作效率

  B. 提升服务质量

  C. 显得更专业

(三)多选题

(1)服务过程中,服务员的目光运用应注意哪些"度"?( )

  A. 亲切真诚的态度

  B. 停留时间的适度

  C. 注视角度的稳定

  D. 微笑的自然流露

(2)在处理客人投诉时,服务员应采取哪些措施?( )

  A. 增加目光停留时间

  B. 避免直接反驳客人

  C. 保持冷静和耐心

  D. 立即承诺解决问题

(3)微笑服务的重要性体现在哪些方面?( )

  A. 传达友好和热情

  B. 提升顾客满意度

  C. 反映服务者的专业素养

  D. 增加工作负担

参考答案

第四章
位次礼仪：位分尊卑，次序井然

礼仪指引

在现代酒店和旅游接待服务中，位次礼仪不仅体现了服务人员的专业素养，更是对客人尊重与礼貌的直接表达，对于提升客户满意度、树立酒店良好形象以及营造和谐服务氛围有重要作用。本章详细介绍了行进中的位次礼仪、乘车礼仪和乘电梯礼仪等方面的具体规范，涵盖了从行进中的礼仪、上下楼梯到进出客房、乘车等一系列服务场景中的位次安排。

通过本章的学习可深入理解位次礼仪在服务行业中的实际应用，掌握在各种服务场景中合理安排位次的方法与技巧，提升酒店服务质量、增强客户满意度。

知识目标

1. 理解位次礼仪在中国传统文化和现代服务行业中的重要性。

2. 熟悉大多数国家对于位次礼仪的普遍习惯，如以右为大、前者为尊等。

3. 掌握现代服务场景下的位次礼仪规范，如行进中的位次礼仪、乘车礼仪、乘电梯礼仪、座次礼仪等。

能力目标

1. 能够正确判断并应用不同场合下的位次礼仪规范。

2. 能够在实际工作中灵活运用位次礼仪，以提升服务质量和客户满意度。

3. 能够准确分析和解决在服务过程中遇到的位次礼仪问题。

4. 能够通过位次礼仪的实践，提升个人专业素养和团队合作能力。

素质目标

1. 培养尊重他人、注重礼仪的良好习惯。

2. 提升对传统文化的认同感和自豪感，传承和弘扬中华传统礼仪文化。

3. 培养高度的责任感和敬业精神，以客户为中心，提供优质服务。

4. 培养良好的沟通能力和团队协作精神，以和谐的服务氛围赢得客户信任。

思政目标

1. 通过学习位次礼仪，引导学生理解中华优秀传统文化的博大精深和独特魅力，增强文化自信。

2. 结合我国古典文学作品中的位次礼仪案例，分析传统礼仪文化在现代社会的价值和意义。

3. 强调在现代服务行业中，位次礼仪不仅是职业素养的体现，更是对客户的尊重和关怀。

4. 引导学生树立正确的服务观念和价值观，以诚信、尊重、专业为服务准则，为构建和谐社会贡献力量。

经典传诵

林黛玉抛父进京都

只见一个丫鬟来回:"老太太那里传晚饭了。"王夫人忙携黛玉从后房门由后廊往西,出了角门,是一条南北宽夹道。南边是倒座三间小小的抱厦厅,北边立着一个粉油大影壁,后有一半大门,小小一所房室。王夫人笑指向黛玉道:"这是你凤姐姐的屋子,回来你好往这里来找他来,少什么东西,你只管和他说就是了。"这院门上也有四五个才总角的小厮,都垂手侍立。王夫人遂携黛玉穿过一个东西穿堂,便是贾母的后院了。

于是,进入后房门,已有多少人在此伺候,见王夫人来了,方安设桌椅。贾珠之妻李氏捧饭,熙凤安箸,王夫人进羹。贾母正面榻上独坐,两旁四张空椅。熙凤忙拉了黛玉在左边第一张椅上坐了,黛玉十分推让。贾母笑道:"你舅母你嫂子们不在这里吃饭,你是客,原应如此坐的。"黛玉方告了座,坐了。贾母命王夫人坐了。迎春姊妹三个告了座方上来。迎春便坐了右手第一,探春坐左第二,惜春坐右第二。旁边丫鬟执着拂尘、漱盂、巾帕。李、凤二人立于案旁布让。外间伺候之媳妇、丫鬟虽多,却连一声咳嗽不闻。

——节选自《红楼梦》第三回(部分内容删减)

经典启示

以上是《红楼梦》中黛玉第一次在贾府参加晚宴的情景,从晚宴的准备、座次的安排、晚宴的过程到黛玉的适应以及晚宴的结束,均展现了贾府晚宴的庄重与规矩,我们也得以从中窥见黛玉初来乍到的谨慎与适应。

文字所描述的晚宴座次安排,显示了严格的尊卑有序。第一,贾母作为家中辈分最高的长者,坐在正面榻上,这是家中最高地位的象征。其他成员的座位则根据与贾母的关系和地位来安排。第二,林黛玉作为客人,被王熙凤安排坐在贾母左手边的第一张椅上,这是为了显示对客人的尊重。即使林黛玉谦让,贾母也坚持让她坐在这个位置上,随后贾母才让王夫人坐下。体现了"客尊主卑"的礼仪原则。第三,在安排贾府三春的座位时,也遵循了长幼有序的原则。迎春作为三人中年龄最大的,坐在了右手第一张椅子(即贾母右手边第一张椅子)上,探春和惜春则按照年龄顺序入座。第四,丫鬟和媳妇们在旁边伺候,但她们的存在感被刻意降低,整个过程中"连一声咳嗽不闻",这体现了主仆之间的严格界限和丫鬟们的训练有素。

位次礼仪是指在礼仪场合，参加团体或个体的位次按一定的规则和惯例进行排列的先后次序。遵守次序和礼节是中华传统礼仪的核心内容之一。现代酒店服务中，熟悉并灵活运用位次礼仪不仅体现了酒店员工的专业素养，也体现了对客人的尊重和礼貌，更是提升客户满意度的关键。遵守位次礼仪的作用有以下几点。

1. 遵守位次礼仪有助于提升客户满意度

服务者熟悉和掌握位次礼仪的基本规则，在服务过程中做到心中有数，可避免旅游接待或酒店服务过程出现混乱和尴尬。如在多人上下楼梯时合理安排服务者自身的位置并从容引导客人，既表达对客人的尊重，又能够确保酒店服务的有序进行。客户感受到酒店员工的尊重和专业素养，对酒店的服务评价自然会更加积极。因此，遵守位次礼仪是提升客户满意度的关键因素之一。

2. 遵守位次礼仪有助于树立酒店良好形象

酒店作为服务行业的重要组成部分，其形象对于吸引客户和保持市场竞争力具有重要意义。遵守位次礼仪能够体现酒店员工的专业素养和酒店的管理水平，从而树立酒店良好的形象和口碑。这对于酒店的长远发展具有重要意义。

3. 遵守位次礼仪有助于营造和谐的服务氛围

遵守位次礼仪能够营造和谐的服务氛围，使客户在享受服务的过程中感受到舒适和愉悦。当员工以礼貌、尊重和专业的态度为客户提供服务时，客户会感到被重视和关注，从而增强对酒店的信任和忠诚度。

旅游接待或酒店对客服务的位次礼仪包括行进中的位次礼仪、乘车礼仪和乘电梯礼仪三大方面。总体来说，位次礼仪遵循以下几个原则：

①大多数国家习惯以右为大，左为小。

②二人以上同行，前者为尊，陪同、随同人员在后。

③引领人员应在左前方两至三步处。

④三人并行，中者为尊。

⑤进门或上车，应让尊者、长者或女士先行。

第一节

行进位次，尊序礼导

服务流程：引导客户礼仪

行进中的位次礼仪是指人们在步行时候位次排列的顺序。在旅游接待及酒店对客服务时，不同的工作场景，如步行于走廊、上下楼梯、进出客房、乘坐电梯、乘车等，都有相应的位次礼仪规范。

一、步行于走廊的礼仪

在走廊或公共区域行走时，服务人员应靠右行走，以便让出左侧的通道给有需要的客人。

如果遇到客人迎面走来，服务人员应主动让路，并向客人点头致意或微笑打招呼（如图4.1）。

图4.1 在走廊礼让客人

如果走廊较窄或人流量较大，服务人员应主动为客人指引方向或提供必要的帮助。

如若是陪同宾客走在走廊中，引领客人时，服务人员应走在宾客的左侧或是请客人走在内侧，以示尊重，且服务人员身体应稍侧向客人，注意保持两至三步的距离，以便随时为客人指引方向或提供必要的帮助（如图 4.2）；在转弯或遇到障碍物时，服务人员应及时向客人指示方向，并用手势或语言提醒客人注意（如图 4.3）。恰如《礼记》中所言："礼者，自卑而尊人。"通过细微的举止，让宾客感受到贴心的服务与深深的敬意，营造出和谐融洽的氛围。

图 4.2　在走廊引领客人　　图 4.3　在转弯处向客人指示方向

二、上下楼梯的礼仪

上楼时，服务人员应走在宾客后面，以示尊重和保护（如图 4.4）；下楼时，则走在前面，以确保安全引导（如图 4.5）。

图 4.4　上楼梯礼仪　　图 4.5　下楼梯礼仪

在楼梯上行走时，服务人员应靠右侧行进，为左侧留出空间，以便有急事的行人能够快速通过，这体现了"与人方便，自己方便"的处世哲学。若楼梯较宽，服务人员也应注意不要并排行走，以免占据过多空间，影响其他行人。

三、乘坐电梯的礼仪

在现代服务场景中，乘坐电梯的礼仪不仅关乎个人的文明素养，更体现了对他人和公共环境的尊重。

1. 候梯礼仪

注意站位选择。等候电梯时，服务人员应站在电梯门的一侧，避免站在电梯门口的正前方，以免影响电梯内乘客的进出（如图4.6）。

图4.6　候梯时站位

尊老爱幼，关怀孕妇。如果有老人、孕妇、儿童或行动不便的人在场，可引导其他客人主动为他们留出空间，让他们优先乘坐电梯。

2. 进出电梯的次序

（1）先出后入。

当电梯门打开时，应等待电梯内的人先出来，再依次进入电梯。如果电梯内已满员，应主动让出位置，等待下一趟电梯。

（2）主动礼让。

在进入电梯时，如果电梯内还有空间，应主动往里走，为后进入电梯的人留出空间。如果有老人、孕妇、儿童或行动不便的人在场，应主动为他们让出位置。

（3）注意超载。

一般情况下，如果电梯超载铃声响起，最后进入电梯的人应主动退出，等待下一趟电梯。如果最后进入电梯的人是老人或行动不便的人，年轻人应主动退出电梯。在对客服务中，电梯超载时服务者应主动退出电梯，让客人先行。

3. 待客乘梯礼仪

（1）主动按梯。

当与客人一同乘坐电梯时，如若电梯内无值守人员，应主动为客人按电梯按钮，礼貌请进。当电梯门打开时，可一手按开门按钮，另一手按住电梯侧门，礼貌地请客人先进入电梯（如图4.7）。出电梯时，手按开门按钮，另一手按住电梯侧门，礼貌地请客人先出电梯（如图4.8）。如若有值守人员，应请所有客人进入后，服务人员再进入，并斜侧身对着客人（如图4.9），出电梯时同样请客人先出，等所有客人出电梯后，服务人员再快步跟上，并用语言提示（如图4.10）。

图4.7 进电梯（无值守）

图4.8 出电梯（无值守）

图4.9 进电梯（有值守）

图4.10 出电梯（有值守）

（2）询问楼层。

进入电梯后，可主动询问客人要去的楼层，并帮忙按下按钮。

（3）礼貌送客。

到达目的楼层后，可一手按住开门按钮，另一手做出请出的动作，并礼貌地说："到了，您先请！"然后热情地为客人指引行进方向。

在乘坐电梯时，我们应遵守相关的礼仪规定，保持安静、尊重他人、注意安全。服务者需要细心观察，主动服务。

四、出入客房的礼仪

（1）进客房前。

进入客房前，服务人员应先敲门或按门铃，并等待客人回应。如果客人没有回应，服务人员可以稍等片刻后再次敲门或按门铃。

（2）进客房后。

进入客房后，服务人员应先向客人问好，并询问客人是否需要帮助。如果客人需要服务，服务人员应迅速而礼貌地提供服务。

（3）在客房内。

服务人员在客房内尤应注意尊重客人的隐私和空间，做到"非礼勿视""非请勿进"。避免过度观察客房内的细节，如盯着客人的私人物品，更不可在未经允许的情况下进入客人的私人区域。

（4）离开客房。

离开客房时服务人员应先用"谢谢"或"再见"等礼貌用语向客人道别，并轻轻关上门。

五、乘车礼仪

车是现代社会最为常见的交通工具，社交活动中，不熟悉乘车礼仪可能令宾主双方都感到尴尬。旅游接待或酒店对客服务中，乘坐不同车辆所遵循的位次礼仪各有侧重，本节主要介绍三类车辆的乘车礼仪：小轿车、面包车、中巴/商务车。

1. 乘坐小轿车的礼仪

（1）专职司机驾驶时。

后排右侧座位为首位，是最尊贵的座位，适合重要客人或长辈。

后排左侧座位次之，是次要的尊贵座位。

后排中间座位再次之，为普通座位。

副驾驶位为末席，通常供随行人员或司机助手使用。

（2）主人亲自驾驶时。

主人右侧的座位为首位，这是表示对主人的尊重和陪伴。

后排右侧座位次之，同样表示尊贵。

后排左侧座位再次之，为次要的尊贵座位。

后排中间座位为末席。

（3）主人夫妇驾车时。

主人夫妇坐前座，各自入座驾驶和副驾驶位置。客人夫妇坐后座，男士应为夫人服务，先让夫人上车，然后自己再上车。

友人也可坐前座副驾驶位置，以示与主人的亲近。选择哪种方式根据具体情况和友人意愿而定。

（4）特殊情况下。

主人亲自驾车且仅有一位客人时，客人应坐在副驾驶位。

若同坐多人，当中途有前座客人下车后，后座的客人应改坐前座，以示对主人的尊重和陪伴。这一礼节在日常中易被忽视，但尤为重要。

2. 乘坐面包车的礼仪

（1）基本原则。

在乘坐面包车时，首先应遵循的基本原则是"司机后排为尊"，这表示司机后方的座位是最重要的。具体的座位排序原则为"由前向后，由左而右"排列。也就是说，从司机的视角看，越靠后的座位越重要，而在同一排中，左侧的座位比右侧的座位更为重要。

（2）安全考虑。

在安全考虑上，我们应当优先选择司机后方的靠窗座位作为主座。这是因为这个座位在紧急情况下（如紧急刹车）能够提供更好的支撑和保护，避免乘客因惯性而被甩出座位。

（3）面包车座位安排。

对于普通面包车，其右侧通常为过道，而最右侧靠门的座位实际上是辅助座位。由于这个位置既不舒适也不安全（如紧急刹车时可能被甩出或与其他乘客发生碰撞），因此在安排座位时应尽量避免让重要客人或长辈坐在这里。

3. 乘坐中巴/商务车的礼仪

（1）基本座次原则。

当中巴或商务车作为交通工具时，其座次原则遵循"离门近者为主座"的准则。具体来说，座位的选择由前向后、由右往左依次进行，离车门越近的座位，其尊贵程度越高。在这样的布局中，司机后排靠门的位子通常被视为主座，因为这一位置不仅便于领导上下车，而且前面通常配备扶手，既安全又方便。

（2）特殊座位。

对副驾驶位、司机后位、司机对角线位等重要性的判断，需要根据具体情况灵活处理。这些座位的重要程度可能会因人而异，因时而异。在对客服务中，服务者最标准的做法是尊重客人的选择，即客人坐在哪里，哪里就被视为上座。因此，我们无须纠正或告诉对方"您坐错了"，尊重客人的选择即可。

（3）服务者的座位选择。

对于服务者来说，在乘坐商务车或中巴时，应当尽量选择坐在副驾驶位或尽量往后排就座。这样的座位选择不仅符合礼仪规范，而且能够确保服务者在需要时能够迅速响应，为乘客提供优质的服务。

总之，在乘坐不同类型车辆作为交通工具时，我们应当遵循座次原则，尊重客人的选择并注重服务人员的座位选择，以体现对客人的尊重与关爱。

4.服务人员的上下车礼仪

对客服务时,上下车的基本礼仪原则是方便客人。具体而言,上车时应先为客人打开车门,并用左手固定车门,右手护住车门的上沿,确保他们安全进入车内后再轻轻关上车门。下车时,同样要注意为他们留出足够的空间,避免发生碰撞。

(1)多人乘车时。

在多人同乘一辆车时,应遵循"谁最方便下车谁先下车"的原则,以确保下车过程的有序进行。如果乘坐的是面包车,那么按照"低位者先上后下,高位者后上先下"的次序进行。若乘坐的是轿车,则应由主人或低位者先上车,并主动坐到后排,为高位者留出足够的空间。

(2)女性服务者。

对于女士服务者而言,在上下车时应保持"温柔"的动作,避免过于粗鲁或急躁。穿短裙的女士在上车时应先背对车门坐下,再将双腿并拢收入车内;下车时,应先转向车门,将双脚移出车门后再缓缓移出身去(如图4.11)。

图4.11 穿短裙女士下车

在上下车过程中,服务者应对客人主动给予照顾与帮助,如主动为客人开关车门,并尽量将车门拉开至90°的夹角,以便他们顺利进出。同时,下车时服务者可以先下车去帮助开门,以示对客人的重视(如图4.12)。

图 4.12 下车服务

第二节

座次之礼，井然不紊

位次礼仪

一、会议座次礼仪

1. 会客座次礼仪

会客，也称为会见、会晤或者会面。它所指的多是礼节性、一般性的人与人之间的相互交往。在会客时，安排位次具体有下述五种基本方式。

（1）相对式。

相对式的具体做法是宾主双方面对面坐。这种方式显得主次分明，往往易于使宾主双方公事公办，保持距离。这种方式多适用于公务性会客，通常又分为三种情况。

①双方就座后,一方面对正门,另一方背对正门。此时讲究"面门为上",即面对正门之座为上座,应请客人就座;背对正门之座为下座,宜由主人就座(如图4.13)。

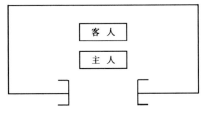

图 4.13　相对式就座(1)

②双方就座于室内两侧,并且面对面就座。此时讲究进门后"以右为上",即门后右侧之座为上座,应请客人就座;左侧之座为下座,宜由主人就座(如图 4.14)。

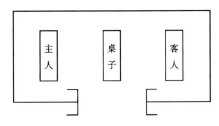

图 4.14　相对式就座(2)

③当宾主双方不止一人时,客人就座于进门后的右侧里面的位置,而客人的随同人员在离门较近的位置。主人面对客人就座,主人的随同人员面对客人的随同人员就座(如图 4.15)。

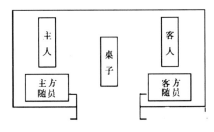

图 4.15　相对式就座(3)

(2)并列式。

并列式的基本做法是宾主双方并排就座,以暗示双方"平起平坐",地位相仿,关系密切。它具体分为两类情况。

①双方一同面门而坐。此时讲究"以右为上",即主人宜请客人就座在自

己的右面（如图 4.16）。若双方不止一人时，双方的其他人员可各自分别在主人或主宾的侧面按身份高低依次就座（如图 4.17）。

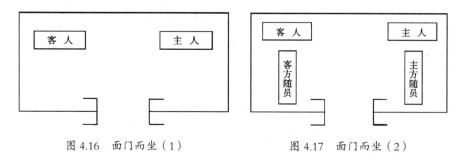

图 4.16　面门而坐（1）　　　　图 4.17　面门而坐（2）

②双方一同在室内的右侧或左侧就座。此时讲究"以远为上"，即距门较远之座为上座，应当让给客人；距门较近之座为下座，应留给主人（如图 4.18）。

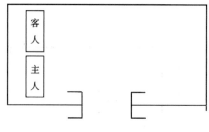

图 4.18　在同侧就座

（3）居中式。

所谓居中式排位，实为并列式排位的一种特例。它是指当多人并排就座时，讲究"居中为上"，即应以居于中央的位置为上座，请客人就座；以两侧的位置为下座，而由主方人员就座。

（4）主席式。

主席式主要适用于在正式场合由主人一方同时会见两方或两方以上的客人。此时，应由主人面对正门而坐，其他各方来宾则应在其对面背门而坐。这种安排犹如主人正在主持会议，故称为主席式（如图 4.19）。

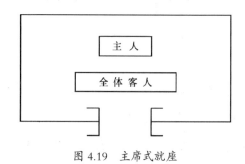

图 4.19　主席式就座

（5）自由式。

自由式的座次排列，即会见时有关各方均不分主次、不讲位次，而是一律自由择座。自由式通常用在客人较多，座次无法排列，或者大家都是亲朋好友，没有必要排列座次时。进行多方会面时，此法常常采用。

2. 大型会议座次排列

（1）主席台排座。

主席台面对会场主入口。主席台通常设置在会场正对入口处，与群众席面对面。

成员标识清晰。每位主席台成员前都应放置双向的席位标识牌。

排座方式合理。主席团排座需根据成员的身份和地位，遵循"前排高于后排，中央高于两侧，左侧高于右侧"的原则进行排座；主持人座席可选择前排正中央、前排两侧或按具体身份排座于后排；发言者席位一般设在主席团正前方或右前方，确保发言时视线清晰、声音传递良好。

（2）群众席排座。

在部分大型会议中，群众席的座位可由与会者自由选择。如需按单位就座，则按单位、部门或地位、行业划分就座区域，依据汉字笔画、拼音字母或约定俗成的序列进行排序。

3. 小型会议座次排列

小型会议规模较小，座次排列相对灵活。

（1）面门设座。

会议主席之座通常面对会议室正门，其他与会者在其两侧自左而右依次就座。

（2）依景设座。

会议主席依会议室内的主要景致（如字画、讲台等）就座，其他与会者按类似面门设座的方式排列。

（3）自由择座。

不设定固定座次，与会者可自由选择座位就座。

4. 茶话会座次排列

茶话会氛围轻松，座次排列方式多样。

（1）环绕式。

座椅、沙发、茶几摆放在会场四周，不设定具体尊卑座次，与会者自由就座。

（2）散座式。

常用于室外茶话会，座椅、沙发、茶几自由组合，可由与会者根据个人要求随意安置。

（3）圆桌式。

摆放圆桌，与会者围绕圆桌自由就座。根据人数多少，可选择单张大圆桌或多张小圆桌的组合形式。

（4）主席式。

主持人、主人和主宾被有意识地安排在一起就座，确保会议交流顺畅，气氛融洽。

在实际操作中，酒店服务团队应根据会议或茶话会的具体性质、规模和要求，灵活调整座次排列方式，确保与会者能够舒适、便捷地参与活动。

5. 会谈的座次礼仪

会谈指双方或多方共同商谈或谈话，其内容不限于政治、经济、文化等问题，也可以是会谈方共同关心的问题或者就具体业务进行谈判。

会谈礼仪的位次礼仪应遵循："以右为尊、居中为尊、面门为尊"的原则（如图4.20、图4.21），在此是应遵循"面门为尊和居中为尊"的原则，即面对门的位置请来宾就座。

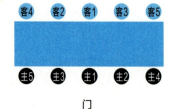

图4.20　桌子横向单方参会人数为单数时

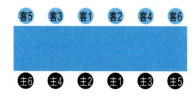

图4.21　桌子横向单方参会人数为双数时

如桌子方向如下图，在此是应遵循"以右为尊和居中为尊"的原则，即进门右边请来宾就座（如图 4.22、图 4.23）。

图 4.22　桌子纵向单方参会人数为单数时　　图 4.23　桌子纵向单方参会人数为双数时

另外，面对景观好，视野开阔的方向，也常被设为尊位。

二、宴会座次礼仪

在酒店服务场景中，宴会的座次安排尤为重要，它体现了对客人的尊重和宴会的正式程度。在非正式或轻松的宴请中，我们通常采用自由入座的方式，让宾客们根据自己的喜好选择座位，营造轻松愉悦的氛围；而在正式的宴会中，座次的安排尤为讲究。它不仅体现了对宾客的尊重，也保证了宴会的秩序井然。

1. 座次的基本原则

宴会通常采用圆桌形式，每桌坐 10 人，也有坐 8 人或 12 人的情况。

座次有"上座"与"下座"之分，上座通常选在坐北朝南或正对着门的座位，即主人的席位。

其他宾客的座次根据离主人席位的远近及右高左低的习惯来安排。

2. 中式宴会座次安排

主人坐在上座，主宾坐在主人的右上方；如果有第二主人，通常坐在主人的对面，以便照顾另一侧的宾客。

次主宾坐在主人的左下方，其他宾客依主宾、次主宾的次序就座。

如有夫人出席，主宾夫妇通常安排在主人的两侧，主宾在男主人的右上方，主宾夫人在女主人的右上方；若主人的夫人不出席，可请其他身份相当的妇女作第二主人，或将主宾夫妇安排在主人的两侧。

3. 西式宴会座次安排

按照西方的习惯，宴会桌上男女穿插安排，主宾在女主人的右上方，主宾夫人在男主人的右上方。

4. 多桌宴会的座次安排

对于两桌以上的宴会，其他各桌主人的位置可以与主桌主人的位置相同，也可以反向，选在面对主桌的位置。

5. 特殊情况

如遇主宾身份高于主人，为表示尊重，可将主宾安排在主人的位置上，主人则坐在主宾的左侧。

如本方出席人员有身份高于主人者，可由身份高者坐主位，主人坐在其左侧。

课后练习

一、案例分析题

如何超越客人

某饭店的客房区域，一对香港夫妇从房间出来，边说着话边向电梯厅走去。这是赵先生和他的太太，他们是饭店的长住客人。赵先生是北京一家合资饭店的外方总经理，由于职业的因素，赵先生对饭店的服务、服务员的行为举止等非常在意。同时，正是由于赵先生的特殊身份，服务员在为赵先生服务时也格外用心。这时，一名客房服务员急匆匆地从客人后面走来，从赵先生夫妇的中间穿过，超越了客人，并且连一点示意也没有。赵先生看着超过自己的客房服务员皱起了眉头，叫住了已经超越到自己前面的服务员，对服务员说："你这样做是不对的，这不像饭店的服务员。"服务员意识到了自己的问题，马上说："对不起，赵先生，我有点急事。"赵先生说："你有急事可以超过我，但你知不知道应该怎么超越？"

在楼层巡视工作的客房主管看到了刚刚发生的事情，就走了过来，向赵先生道歉说："对不起，这是我们的错，我们会加强对员工的培训。"赵先生诚恳地说："其实我倒没关系，我只是觉得我们做服务的人，应当时时有一种好的精神面貌、礼貌修养和宾客意识，处处体现出严谨和规范。"

（资料来源：https://wenku.baidu.com/view/5dbabb758e9951e79b8927c9.html.）

案例中的情景，你认为该如何超越客人？

二、要点巩固

（一）判断题

（1）在行进中的位次礼仪中，服务人员陪同宾客走在走廊时，应走在宾客的右侧以示尊重。（ ）

（2）乘坐电梯时，如果有老人或孕妇在场，服务人员应主动退出电梯让他们优先乘坐。（ ）

（3）在小型会议中，会议主席的座位必须背对会议室正门。（ ）

（4）在宴会座次安排中，主人的席位通常选在坐南朝北的位置。（ ）

（5）在会议座次礼仪中，自由式适用于客人较少且地位相仿的场合。（ ）

（二）单选题

（1）在走廊行走时，遇到客人迎面走来，服务人员应如何行动？（ ）

A. 继续行走，不予理睬

B. 主动让路，并点头致意

C. 加快步伐，迅速通过

（2）乘坐小轿车时，若主人亲自驾驶，哪个座位最为尊贵？（　）

A. 后排右侧

B. 后排左侧

C. 主人右侧

（3）在大型会议中，主席台排座通常遵循什么原则？（　）

A. 前排低于后排

B. 中央低于两侧

C. 前排高于后排，中央高于两侧

（4）中式宴会中，主宾夫妇通常被安排在哪个位置？（　）

A. 主人左侧

B. 主人对面

C. 主人的右上方和女主人的右上方

（5）在茶话会的座次排列中，哪种方式不常见？（　）

A. 环绕式

B. 散座式

C. 并列式

（6）关于多桌宴会的座次安排，以下哪些说法是正确的？（　）

A. 其他各桌主人的位置可以与主桌主人的位置相同

B. 其他各桌主人的位置必须反向面对主桌

C. 主桌主人的位置应选在宴会厅的正中央

（三）多选题

（1）乘坐电梯时，哪些做法是正确的？（　）

A. 等候电梯时站在电梯门的一侧

B. 电梯超载时，最后进入的人主动退出

C. 进入电梯后，主动为客人按电梯按钮

（2）在会议座次礼仪中，哪些情况可能采用自由式排列？（　　）

A. 客人较多且座次无法排列

B. 宾主双方地位相仿，无须特别安排

C. 大型国际会议的正式场合

（3）宴会座次安排中，以下哪些原则是正确的？（　　）

A. 主人的席位通常选在坐北朝南的位置

B. 主宾坐在主人的右上方

C. 西式宴会中，男女穿插安排座位

（4）在行进中的位次礼仪中，哪些行为体现了对客人的尊重？（　　）

A. 服务人员主动为客人指引方向

B. 在转弯或遇到障碍物时及时提醒客人

C. 上下楼梯时，上楼走在客人前面，下楼走在客人后面

三、实践题

某五星级酒店即将举办一场国际商务宴会，预计有来自不同国家的宾客约200人参加。宴会分为主宴会厅（可容纳150人）和2个小型宴会厅（各可容纳25人）。请根据以下要求，设计宴会的座次安排方案，并详细说明每个区域的座位分配原则及特殊情况处理办法。

要求：

1. 主宴会厅座次安排：采用圆桌形式，每桌10人，确保主宾和重要嘉宾的座位得到妥善安排。

2. 小型宴会厅座次安排：根据宾客的国籍或行业特点进行分组，体现细致

入微的服务。

3. 特殊情况处理：考虑有身份特别尊贵的宾客或身体有特殊需求的宾客，提出相应的座位安排方案。

4. 入场与引导：设计宾客入场流程，包括签到、引导至相应宴会厅的具体措施。

参考答案

第五章
服务流程：抱诚守真，不卑不亢

礼仪指引

《礼记正义》所云："礼者，理也。"在服务场合，一个得体的见面礼、一次周到的拜访、一场顺畅的沟通或是一次热情的接待，都可能成为客户心中难忘的印记，为服务品质增添不可或缺的分数。

知识目标

1. 掌握基本礼仪知识：了解并熟悉见面、拜访、沟通、接待等社交活动中的基本礼仪规范和原则。

2. 理解文化差异：认识不同文化背景下的礼仪差异，以适应多元文化环境中的社交需求。

3. 知晓礼仪的重要性：明确礼仪在社交活动中的关键作用，以及对个人形象和企业形象的影响。

能力目标

1. 实际应用能力：能够在实际社交场合中准确运用见面、拜访、沟通、接待等礼仪知识。

2. 沟通协调能力：提升在社交活动中的语言表达和非语

言沟通能力，以建立良好的人际关系。

3.应变能力：培养在突发情况或复杂社交环境中的灵活应变能力。

素质目标

1.个人形象塑造：通过礼仪的学习和实践，塑造良好的个人形象，展现专业素养。

2.职业素养提升：增强服务意识和职业责任感，提高在职业环境中的综合素质。

3.团队合作精神：培养团队协作能力，学会在团队中发挥积极作用。

思政目标

1.培养社会主义核心价值观：通过礼仪教育，引导学生树立正确的世界观、人生观和价值观，践行社会主义核心价值观。

2.传承中华优秀传统文化：深入了解和传承中华优秀传统文化中的礼仪精髓，增强文化自信。

3.提升社会公德意识：强化社会公德教育，培养学生成为遵纪守法、诚实守信、尊重他人的优秀公民。

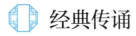 经典传诵

程门立雪

至是,又见程颐于洛,时盖年四十矣。一日见颐,颐偶瞑坐,时与游酢侍立不去。颐既觉,则门外雪深一尺矣。

——《宋史·杨时传》

这个故事传颂至今,不仅是因为杨时和游酢的求学精神,更是因为他们展现出的拜访礼仪。它告诉我们,在拜访他人时,我们应该尊重对方的时间和隐私,不要贸然打扰;应该保持恭敬的态度,以表达对对方的尊重;应该珍惜与他人交流学习的机会,虚心向他人请教,不断提升自己的学问和修养。

经典启示

在现代社会中,虽然礼仪形式有所变化,但尊重他人、注重细节、保持恭敬的态度等基本原则仍然适用。因此,我们应该继承和发扬古代拜访礼仪中的优良传统,以更加文明、礼貌的方式与他人相处。

修身践言,谓之善行,行修言道,礼之质也。
——《礼记·曲礼上》

第一节

见面之礼，诚挚为先

古语有云："千里之行，始于足下。"见面礼仪便是这"始足之地"，它奠定了服务者与被服务者初次交往的基调。得体的见面礼不仅能迅速拉近彼此的距离，更能够彰显服务者的专业素养与周到细致，为后续的服务奠定良好的基础。常见的见面礼仪包括称呼礼仪、介绍礼仪、握手礼仪、名片礼仪等。

一、称呼礼仪

服务流程：称呼礼仪

在古代，人们之间还有一种特殊的礼仪用语，那就是称呼。在称呼长辈或有威望的人时，不应该直呼其名，而应该使用尊称，以表示尊敬，正如《弟子规》中所言："称尊长，勿呼名。"对父母称呼为"父亲"或"母亲"，对师长则称呼为"先生"或"老师"，朋友之间则称呼为"兄弟"或"朋友"，彰显了他们的友情和亲近，这种礼节流传至今。人际交往，礼貌当先；与人交谈，称呼当先。使用称呼，应当谨慎，一个亲切、得体的称呼能够让客户感到宾至如归，增加对服务的信任和依赖，也能够让客户感受到被尊重，从而提升对服务质量的整体评价。反之，一个不当的称呼则可能引起客户的反感和不满，甚至导致服务失败。

一般场合应遵循的称呼礼仪如下。

（一）称呼的种类

1. 职务性称呼

这是一种比较常见的称呼，正式场合都会采用的称呼方式，突出对方身份，以示尊重。这种称呼方式古已有之，如历史上对杜甫因其曾任工部员外郎而称"杜工部"，诸葛亮因其为蜀国丞相而称"诸葛丞相"。以对方的行政职务相称，具体的称呼形式有：

①仅称职务，如"部长"。

②在职务前加上姓氏，如"王部长"。

③在职务前加上姓名，适用于正式场合，如"王博部长"。

2. 职称性称呼

职称性称呼体现了对对方专业能力的认可，如古代对学识渊博者尊称为"先生"，即是对其学识的一种认可。在不同职业中有业务职称的，可直接称呼对方的职称，如"教授""律师""研究员"等。具体的称呼形式有：

①仅称职称，如"教授"。

②在职称前加上姓氏，如"张教授"。

③在职称前加上姓名，适用于正式场合，如"张杰教授"。

3. 行业性称呼

直接以其从事的行业来称呼。这种称呼方式简单明了，易于接受，如古代对传道授业解惑者尊称为"夫子"，即是对教师职业的尊敬。

①行业性称呼通常是姓/姓名+行业。例如，张老师、张博律师、张医生、张会计。

②对于商业和服务业人员，没有固定的行业称呼，一般男性称呼为"先生""男士"；对于女性未婚者称"小姐"，已婚或者不明确婚否的可以称呼为"女士"。

> **拓展知识**
>
> "小姐""女士""先生"这些称呼在现代社会中广泛使用,但在古代它们也有各自的起源和演变过程。如"小姐"一词最初是对地位低下的宫婢、姬、艺人的称谓,后来逐渐演变为对贵族大家未婚女子的尊称;"先生"则始见于春秋《论语·为政》,最初指父兄,后泛指有德行、有学问的长辈。

4. 姓名性称呼

这种称呼一般适用于上级对下级、同事之间、熟人之间。可以直接称呼对方姓 + 名 / 名。例如:"张楠楠"或"楠楠",也可以是大 / 小 / 老 + 姓。例如:"小张"或"老张"。

5. 国际性称呼

在国际性的商务交往中,一般称呼为"先生""小姐""女士"。在非正式场合交往中,可以直呼其姓 + 名 / 名。

(二)称呼的注意事项

1. 称呼要准确

职场中,对方的称谓会随着时间、经历发生变化,我们要及时发现并准确了解对方的称谓,才会使交往更加顺利。

2. 考虑所处的环境

交往中,称呼要看当时的场合。正式场合,我们都要称呼其职衔、职称或使用礼仪性称谓。非正式场合,可以相对随意一些。另外,也要看交谈当时附近的环境,如果附近有晚辈或者下属,称谓就要正式一些,给予对方尊重。

(三)称呼的忌讳

1. 无称呼

无称呼就是不称呼别人就没头没脑地跟人家搭讪、谈话。这种做法要么令人不满,要么会引起误会,所以要力戒。服务人员见到客人主动打招呼,这是基本的礼仪。

2. 替代性称呼

替代性称呼就是用非常规的称呼代替正规性称呼。比如服务行业称呼顾客几号、"下一个"等等，这是很不礼貌的行为。

3. 易于引起误会的称呼

因为习俗、关系、文化背景等的不同，有些容易引起误会的称呼切勿使用。比如很传统的一个称呼：同志，在港台地区和一些国家有同性恋的含义。

①地方性称呼。地方性称呼，比如，北京人爱称人为"师傅"，山东人爱称人为"伙计"，等等。但是，在南方人听来，"师傅"等于"出家人"，"伙计"就是"打工仔"。我国常将配偶称为"爱人"，而有的外国人则将"爱人"理解为"第三者"。在服务行业，如果在正式场合，可用称呼为"先生""小姐"。

②称呼的选择。在构建卓越的客户服务体验时，选择合适的称呼至关重要。一般而言，我们遵循普遍接受的礼仪规范，对男性客户尊称为"先生"，对未婚女性以"小姐"相称，而已婚女性则适宜称为"女士"。然而，当面对长期合作、彼此熟悉的客户或尊贵的客户时，这一称呼方式可以进一步细化和个性化，以彰显对他们的特别重视与关怀。

但随着服务深入，特别是当已明确知晓客户的姓名及职务时，适时地转换为"姓+职务"的称呼方式（如"李总"）将更为恰当。这种称呼不仅体现了对客户个人身份与成就的认可，还能在无形中拉近双方的距离，营造出一种专属而温馨的服务氛围。

姓氏服务作为现代服务行业中的一种高级礼仪，强调了对客户个性化的尊重与关怀。它要求服务人员在提供服务的过程中，灵活运用客户的姓氏，结合具体情境，创造出既正式又不失亲切的交流方式。对于老客户和贵宾而言，这种细致入微的姓氏服务能够让他们感受到前所未有的被重视与专属感，从而加深他们对品牌的忠诚度与满意度。

称呼是交际的开端，是沟通的第一步。在服务礼仪中，慎用称呼、巧用称呼、善用称呼，将帮助我们赢得宾客的好感，促使我们的服务沟通顺畅进行。

经典案例

著名传记作家叶永烈在着手撰写陈伯达的传记时，面临了一个颇费心思的问题：在采访陈伯达时，究竟应该如何称呼他。陈伯达当时是在监狱服刑的犯人，而且已经84岁了，自己才48岁。他意识到，叫"陈伯达同志"显然不合适，因为陈伯达的身份特殊；而叫"老陈"也不行，因为年龄差距太大，显得不够尊重。在采访的前一天晚上，叶永烈辗转反侧，他希望能够找到一个既亲切又得体的称呼，让陈伯达感受到自己的尊重和关心。突然，叶永烈灵机一动，想到了"陈老"这个称呼。果然，第二天在采访时，叶永烈一声"陈老"的亲切称呼，让陈伯达感动万分，眼里充满了泪花，显然对这个称呼感到非常满意和温暖。这个小小的称呼，为接下来的采访奠定了良好的基础。

服务流程：介绍礼仪

二、介绍礼仪

从古至今，几乎每个人都有做自我介绍或被人介绍的经历。介绍是指个人或团体在人际交往过程中，为了使交往对象彼此相互有所了解而进行的情况说明。介绍是人们相互认识，建立联系的重要途径，也是给人留下良好印象的重要因素。介绍分为两种形式：自我介绍和他人介绍。无论哪种情况，都要注意有理有节。

（一）自我介绍

自我介绍是让被推介对象了解自己的一种重要的、有效的社交方式。对一个人的好感、好印象，常常是从他时机恰当、大方得体、内容适宜的自我介绍开始的。它涉及心理学的首因效应，即第一印象会在对方的头脑中形成并占据主导地位，得体贴切的自我介绍能够为以后的服务创造良好的条件。

1. 什么时候需要自我介绍

自我介绍是一种沟通工具，用于在适当的时候向他人传达自己的基本信息，以便建立联系、促进理解或展示个人魅力。在不同的场合和目的下，自我介绍的内容和方式也应相应调整。对于服务行业来说，自我介绍的场合主要有：

①社交场合。在与不相识的人相处时，或者在公共聚会上与陌生人共处时。

②服务场合。当需要为客人服务时，让客人认识自己能提升服务的满意度，或者有必要让客人认识自己，可以先向客人介绍自己。

③旅行途中。在旅行中遇到他人时，如果需要建立联系，自我介绍是必要的。

④拜访宾客。当拜访宾客时，自我介绍可以帮助传达信息。

⑤希望结识某人。如果希望结识某人，尤其是在没有介绍人的情况下，自我介绍是一种礼貌的方式。

⑥业务需要。在公共场合进行业务推广或联系陌生单位时，自我介绍可以帮助建立业务关系。

2. 正式场合的自我介绍

如果是因为公务的需要而与人交往，自我介绍一般包括三个要素：姓名、单位、担任的职务（所从事工作）。这三个方面应该连续报出，语言要简洁有力，保持亲切、自然的态度，目光正视对方。自我介绍时，可以用名片辅助，提高效率。例如：张先生，您好，我叫李楠，是某某酒店的总经理，请让我帮您解决这个问题。

如果在某方面有突出成就，可以把成就加入自我介绍中，加深对方对自己的印象。例如：张先生，您好，我叫李楠，是某某公司的创始人。

如果希望对方记住自己，可以在自我介绍后，谈及一些与对方熟人的关系或者与对方共同的兴趣爱好。例如：张先生，您好，我叫李楠，是某某公司的创始人。我和您一样，都爱好打高尔夫球。

如果是在报告、讲座、庆典等活动中要向多位出席者介绍自己,还应加入适当的敬语和谦辞。例如:张先生,您好,我叫李楠,是某某酒店的总经理。今天,向大家介绍我公司的产品,有不恰当的地方,请给予指正。

3. 其他场合的自我介绍

如果是在普通的交流或生活中需要自我介绍,以轻松、自然为基本原则。可以直接介绍名字,或者找一个大家的共同点,或者找一个能和对方建立起沟通途径的某个因素,拉近与对方的距离。例如:如果都是同事,可以这样介绍:"您好,我是客房部的同事,我叫张慧。"

4. 自我介绍注意事项

对方正在休息、用餐、忙于其他事务的时候,不要去打扰。当对方没有认识自己的欲望时,简单介绍自己名字就可以了。

(二)他人介绍

1. 为他人做介绍者

他人介绍即社交中的第三者介绍。在他人介绍中,为他人做介绍的人一般为社交活动的东道主、社交场合中的长者、家庭聚会中的女主人、公务交往活动中的公关人员(礼宾人员、文秘人员、接待人员)等。

2. 正式场合介绍他人

在会客、会议等正式场合为他人做介绍时,要准确介绍双方的姓名、工作单位、职务或工作内容。如果希望后续建立长期合作关系,还可以介绍得更详细一些,为双方提供共同的话题,为后续的交流提供帮助。

他人介绍的时机包括:在办公地点,接待彼此不相识的来访者;陪同上司、长者、来宾时,遇见了其不认识者,而对方又跟自己打了招呼;打算推介某人加入某一交际圈;受到为他人做介绍的邀请。

正式场合介绍他人要遵循介绍礼仪的顺序,即"尊者有优先知情权"的惯例。

①先幼后长。要先把资历浅、年纪轻的一方介绍给资历深、年纪长的一方认识。但要注意,介绍时,要先提起尊者。例如:"张教授,我很荣幸能

把安琪儿介绍给您。"

②先男后女。要先把男士介绍给女士认识。例如:"柯南,请允许我将安琪儿介绍给你。"

③先下后上。介绍上下级认识时,先介绍下级,后介绍上级。例如:"张经理,请允许我向您介绍我的同事安琪儿。"

④先亲后疏。介绍同事、朋友与家人认识时,要先介绍家人,后介绍同事、朋友。例如:"安琪儿,这是我的妹妹吴菲菲,菲菲,这是我的朋友安琪儿。"

⑤先主后宾。介绍宾客和主人认识时,要先介绍主人,后介绍宾客。

3. 非正式场合介绍他人

非正式的场合下,营造轻松愉快的氛围最重要。在服务行业,也会存在私下或非正式场合的交流。比如,参加客户邀请的家宴、公司的联欢会等。如果都是同龄人,直接介绍就可以。例如:"这是安琪儿,这是李楠。"

非正式场合不需要太过于讲究介绍顺序,但也不能过于随便。

4. 介绍他人注意事项

①介绍他人时不能把一方介绍为"我的朋友",否则容易让人产生"此亲彼疏"的印象。

②需要在多个人之间进行介绍的时候,每个人只能介绍一次,不要重复介绍。

③在介绍时,可以适时介绍双方的优异方面,给双方留下良好的印象。

5. 介绍的手势

在为他人做介绍时,手势的运用应当自然、得体且充满尊重。首先,应避免使用过于随意或指指点点的手势,以免显得不礼貌。正确的做法是:伸出手臂,手掌朝上,轻轻示意被介绍人的方向,指尖基本与被介绍者肩膀持平,同时眼神应跟随手势,保持与双方的目光交流,以显示真诚与关注。此外,手势的幅度不宜过大,应控制在适当的范围内,既不过分张扬,也不显得拘谨,以营造一个轻松而正式的氛围。这样的手势不仅能够准确传达信息,还能增强介绍的正式感与亲切感(如图5.1)。

图 5.1 介绍的手势

三、握手礼仪

服务流程：握手礼仪

两人相向，握手为礼，这是当今世界最为流行的礼节。握手，代表了几千年的人类文明史。有一种说法是，在狩猎和战争时，人们手上经常拿着石块或棍棒等武器。如果遇到没有恶意的陌生人，为了表示自己的友好，就要放下手中的东西，并伸开手掌，让对方抚摸手掌心，表示手中没有武器。这种习惯逐渐演变成"握手"礼节。还有一种说法是，"握手"来源于中世纪战争时期，因为那时候的骑士，除了两只眼睛露在外面，几乎全身都是为盔甲之类包裹，并准备随时冲向敌阵。但是，当他们需要向对方表示友好时，彼此会走近，并脱去右手的甲胄，都将右手伸出，互相握手表示友好的善意，握手言和。握手是在相识、离别、恭贺、感谢、鼓励、支持、慰问或致谢等场合时相互表示情谊、致意、尊重的一种礼节，双方往往是先打招呼，后握手致意。

总之，不论握手的传统最早是来源于原始社会善意的抚摸掌心，还是来源于中世纪战争期间的握手言和，后来，这种方式逐渐流行于民间，就成了我们今天常见的亲戚、朋友、同事等彼此间生活中的常规"握手礼"。在服务场合，除了常见的"点头礼"和"鞠躬礼"之外，出于礼仪和尊重的考虑，服务人员通常遵循"尊者优先"的原则，一般情况下，应由顾客主动提出握手，以体现对顾客的尊重，同时，为了保持专业形象和避免可能的尴尬情况，服务人员一般不会主动握手。然而，也需要注意，根据服务人员的具体身份和客户的实际情况，握手礼在某些情况下也是非常普遍且恰当的。

（一）握手的规范动作

1. 身体姿势

无论在哪种场合，无论双方的职位或年龄相差有多大，都必须起身站直后再握手，如果他人走来要与我们握手，我们正在座位上坐着，此时要起身，坐着握手是不合乎礼仪的。握手时上身应自然前倾，行 15°～30° 欠身礼，手臂抬起的高度应适中（如图 5.2）。

图 5.2　握手的姿势

2. 握手的手势

握手时必须用右手，即便是习惯使用左手的人也必须用右手，这是国际上普遍适用的原则。右手四指并拢，大拇指自然张开，双方双手虎口相交，掌心相握，这样才符合真诚、友好的原则。

在职场中，性别被放在次要的位置，女士也是采用同样的手势。

在与他人握手时，手掌要垂直于地面。这一动作表达的是和谐平等的意思；面对长者、尊者，掌心可以微微向上，表示谦虚、谨慎；掌心向下应慎用，表达的是自大的心态。

双手握手通常被视为一种更加尊敬和热情的握手方式，适用于特定的社交场合和对象。如：

①会见重要人物。当会见国家元首、政府高官、知名人士或行业领袖等重要人物时，使用双手握手可以表达更高的敬意和尊重。

②特殊场合。在正式的外交场合、颁奖典礼、重大仪式或庆典上，双手握手可以彰显礼仪的庄重性。

③表达深厚感情。在长时间未见的老朋友或亲人重逢时，双手握手可以传达出深厚的情感和热情。

3. 时间

握手的时间不宜过长或过短，两手交握 3~4 s，上下晃动 2~3 次是较为合适的。接触很短时间即把手收回，有失大方；握着他人的手不放则会引起对方的尴尬。

4. 力度

握手的力度能够反映出人的性格和心态。太大的力度会显得人鲁莽有余、稳重不足；力度太小又显得有气无力、缺乏生机、不够重视。因此，建议握手的力度把握在使对方感觉到自己稍加用力但是又比对方的力量稍小即可。

5. 眼神

在握手的过程中，要目视对方，假如眼神游离不定，会影响第一印象，给人以紧张、不够自信、甚至不够尊重的感觉。

6. 微笑

微笑能够在任何场合为任何礼节增添无穷的魅力。握手的同时给对方一个真诚的微笑，会使气氛更加融洽，使握手礼更加圆满。

7. 语言

握手时，面带微笑的同时，还应该有语言问候。如，"您好，我是张楠楠，请您多多关照。""很高兴认识您"等等。

（二）握手的顺序

握手的顺序讲究"位尊者有决定权"，即"尊者优先原则"，由位尊者决定双方是否有握手的必要。在不同场合，"位尊者"的含义不同。在商务场合中，"位尊者"的判断顺序为职位—主宾—年龄—性别。

上下级关系中，上级应先伸手，以表示对下级的亲和与关怀。

主宾关系中，主人宜先伸手以表示对客人的欢迎。但送客时，应客人先伸手，否则会有逐客之嫌。在拜访客户的时候一般是客户先伸出手拜访者再伸手。

根据年龄判断时，年长者应主动伸手以表示对年轻同事的欣赏和关爱。

根据性别判断时，女性主动伸手后男士才可以伸手。

在多人握手时，顺序也应规范得体。一般情况下，握手顺序应遵循由尊而卑，即从身份高者至身份低者依次进行。在多人交往时还有一种情况，比如，会场中人数较多，且不容易分辨出对方地位的高低，此时应遵循由近而远的顺序进行握手，而不能跳跃式或选择性地握手，这是握手时非常重要的礼节，切勿忽视。

作为服务人员，在合适的场合下与客人握手是一种既体现尊重又传递友好的方式。在遵循基本的卫生准则与礼仪规范的前提下，根据客人的个人意愿及文化背景，如果客人主动伸手时，适时地伸出手臂，以适度而真诚的力量与客人握手，不仅能够加深彼此间的联系，还能为服务过程增添一份温馨与亲切。

（三）握手的禁忌

1. 忌交叉握手

多人同时进行握手时，应该按照顺序一一握手，如果与另一方的手呈交叉状，应主动收回并致歉（如图5.3）。

图 5.3　交叉握手

2. 忌出手太慢、心不在焉

当对方向我们伸出手来，我们迟迟不握手或者东张西望，甚至还与别人聊天，这都是失礼的做法（如图5.4）。

图 5.4　握手不专心

3. 忌握手时戴墨镜与手套

握手时不应戴墨镜（如图 5.5），应摘下墨镜，注视对方，表达真挚的情感。握手就是为了表达我们的内心情感，戴手套表示我们不愿意与对方进行情感交流，所以要提前摘下手套。但是在晚宴等一些特殊场合，女士的手套属于装饰不可缺少的一部分，不方便摘下，握手时可以不用摘下。

图 5.5　戴墨镜握手

4. 双手握要先握右手

国际上，用右手握手是最基本的礼仪。如果是要双手握手，也应该先用右手与他人先握，然后再把左手搭在别人右手上，体现对对方的尊重。

5. 握手要选择合适的时机和场合

有些场合，对方不太方便握手，不宜主动伸手。如，对方双手提着东西、正在用餐、正在接电话或者自己的手很脏、由于工作需要戴着手套等，这种情况不适合握手礼仪，可采取打招呼或者微笑代替握手。

四、名片礼仪

服务流程：名片礼仪

《后汉书·文苑传下》记载了一则"刺"的故事："建安初，（祢衡）来游许下，始达颍川，乃阴怀一刺，既而无所之适，至于刺字漫灭。"大意为："建安初年，汉献帝接受了曹操的建议，将都城迁到了许都。为了谋得发展，祢衡特意来到许都，并早已准备好投刺，但是因为他看不起周围人，投刺之书一直都未能用上，装在口袋里直到字迹都模糊了。"

上文所提到的"刺"，就是"名刺"，即名片，是古代拜访别人或与人相联系时所用的帖子或片子，上面书有自己的姓名、职位、地址等，亦称"名帖"。据清代赵翼《陔馀丛考》卷三十"名帖"载："古人通名，本用削木书字，汉时谓之谒，汉末谓之刺，汉以后则虽用纸，而仍相沿曰刺。"东汉末刘熙《释名》说："谒，诣也；诣，告也。书其名于上，以告所至诣者也。"大约至迟于秦汉之际，人们在拜访谒见时，就开始用名帖来通报姓名了。当时称名帖为"谒"。把名帖称作"谒"是着眼于它的访谒的功能，称"刺"则着眼于它的制作方式：以削竹木、刺刻文字而成。宋代周密在他的《癸辛杂识》"送刺"条中说："节序交贺之礼，不能亲至者，每以束刺签名于上，使一仆遍投之，俗以为常。"现代的名片就是由名刺发展而来。

这个关于见面递名片的中国古代故事，不仅揭示了名片在古代社交中的重要地位，还深刻体现了礼仪与人际关系的微妙联系。

名片是商务交往中或人们初次见面时常备的一种交际工具，在与顾客或合作伙伴交谈时，递给对方一张名片，不仅是很好的自我介绍，而且与对方建立了联系，方便日后的交流和合作。因此，在社交场合中，特别是服务场合，名片礼仪是人们都应掌握的基本礼仪之一。在今天这个信息高度发达的时代，名片依然是我们社交中的重要工具，我们应该学会正确使用它，以展现自己的专业素养和良好形象。

（一）名片设计的注意事项

①名片应简洁、清晰、专业，避免使用花哨的装饰和过于复杂的字体。

②包含个人姓名、职务、公司名称、地址、电话号码、邮箱等基本信息。

③可以在名片背面添加一些个人专长或公司的核心业务,以提高交流效率。

④随着科技的发展,电子名片也逐渐成为商务交流的一种新方式。使用电子名片时,应注意保持信息的准确性和更新的及时性。电子名片可以通过微信、邮件等形式发送给对方。

⑤在服务场合,务必随身携带足够数量的名片,放在名片夹中保存。

⑥在服务交流中,如果对方不懂中文,可以在名片上提前印制英文或其他语言。

(二)名片使用礼仪

1. 递交名片

①递名片时,应将名片的正面朝向接受方,用双手的拇指和食指持握名片上端的两角,以示尊重(如图5.6)。

图 5.6 递名片的手势

②递名片时,可以稍微欠身,注视对方,以表示诚意(如图5.7)。

图 5.7 递名片的身体姿势

③递名片的时间通常是在介绍之后，避免在尚未弄清对方身份时急于递送名片。

④递送名片的顺序通常是地位低的人先向地位高的人递名片，男性先向女性递名片。但在商务和公务活动中，女性也可主动向男性递名片。

2. 接受名片

①接受名片时，应尽快起身或欠身，面带微笑，用双手的拇指和食指接住名片的下方两角。

②接过名片后，应认真阅读名片内容，有不认识的字可以马上询问对方。

③看完名片后，应将名片放入名片夹或认真收好，不可随手扔到桌子上或随便放入口袋，这是对他人的不尊重。

④如果接下来与对方谈话，可以将名片放在桌子上，并确保不被其他东西压住，这会使对方感到被重视。

⑤第一次见面后，可以在名片背面记下认识的时间、地点、内容等资料，最好简单记下对方的特征（如籍贯、特殊爱好等）。

此外，名片的递送和接受在不同的国家和地区也可能有不同的习俗和规矩。例如，在日本和韩国，人们通常会把名片的正面朝上，然后双手递上自己的名片给对方，以便对方接受后可以立刻阅读到名片的重要内容。

（三）名片礼仪的禁忌

1. 随意涂改名片

名片是身份的象征，不可在上面随意涂改，如电话号码、地址等关键信息。如果信息有所变动，应及时更换新的名片。

2. 提供私宅电话

在国际交往中，名片上不提供私宅电话是出于保护个人隐私的考虑。在商务场合中，一般只提供工作电话或手机号码。

3. 名片上信息过多

名片上的信息应简洁明了，避免过多的头衔和职务，以免给人用心不专、蒙人之嫌。同时，不要在名片上印制两个以上的联系方式，以免给他人造成困扰。

4. 单手收发名片

无论是递交名片还是接受名片，都应使用双手拇指和食指执名片两角，以示尊重。单手收发名片会给人留下不专业的印象。

5. 名片脏污或破损

名片应保持干净、整洁，避免出现污渍或破损。如果名片已经破损或脏污，应及时更换新的名片，避免给他人留下不良印象。

6. 随意丢弃名片

在接受名片后，应妥善保管，不可随意丢弃或在上面压上其他物品。这是对他人不尊重的表现，也会给自己带来不必要的麻烦。

7. 不适当的时间递送名片

在交谈或会议中，应选择合适的时间递送名片，避免在对方正在讲话或思考时打断对方。同时，也要注意不要在不适宜的场合递送名片，如在洗手间或餐桌上。

名片礼仪是社交场合中必须遵守的基本礼仪之一。遵守名片礼仪的禁忌，可以展示出自己的专业素养和对他人的尊重，展现专业形象，促进交流，增强信任，维护关系，提升个人魅力。

第二节

沟通之礼，言之有礼

以礼明智

客户服务工作的最根本目的，是为客户带来愉快而美好的服务感受。为了成为优秀的服务者，掌握与客户顺畅沟通的原则和方法是必备的服务技能。这正如《论语》中所提："言忠信，行笃敬，虽蛮貊之邦，行矣。"意味着在沟通中应保持忠诚、诚信，以恭敬的态度对待客户，这样才能在任何情况下都与客户建立良好的关系。而在客户沟通过程中，3A 原则是一项重要的法则，它是建立良好沟通的基石。尤为重要的是，在沟通中态度比技巧更重要，因为态度是无法隐藏的，它始终会在交流语言中自然流露出来。这正如《孟子》所言："诚者，天之道也；思诚者，人之道也。"强调了真诚态度在沟通中的核心地位。因此，服务人员需时刻注重态度的表现，以真诚之心与客户沟通，确保每一次交流都能传递出温暖与尊重，从而为客户提供卓越的服务体验。

沟通礼仪：客户服务的准备

一、3A 原则

1.accept（接受）

在客户服务中，接受原则要求服务人员以开放、包容的心态面对每一位客户。这意味着，无论客户的性格如何多样，需求如何各异，服务人员都需要尽力去理解和接纳。接受原则体现了对客户的尊重和理解，是沟通礼仪的基石。服务人员要学会放下自己的偏见和预设，以真正的同理心去倾听客户的声音，理解他们的需求和期望。这种开放和包容的态度能够让客户感受到被尊重和理解，从而建立起信任的基础，为后续的沟通和服务创造良好的开端。

2.appreciate（重视）

重视原则强调服务人员要给予客户足够的重视和关注，让客户在接受服务的过程中感受到自己的重要性。这不仅是沟通礼仪的要求，更是建立良好客户关系的关键。在实践中，服务人员可以通过多种方式来体现对客户的重视。例如，记住客户的名字并在沟通中频繁使用，这表明服务人员对客户有深刻的印象和关注；了解客户的喜好和需求，以便提供更加个性化的服务；及时回应客户的需求和问题，让客户感受到被关注和重视。这些细致入微的关怀能够让客户感受到自己的独特性，从而增强对服务人员的信任和依赖。

3.admire（赞赏）

赞赏原则鼓励服务人员在服务过程中积极发现客户的优点和长处，并给予真诚的赞赏和肯定。这种赞赏不仅能够增强客户的自信心和满足感，还能够提升客户对服务的满意度和忠诚度。在沟通时，服务人员需要注意自己的语言选择，尽量使用积极、正面的词来评价客户，避免使用消极、负面的词。例如，当客户提出一个合理的建议时，服务人员可以赞赏客户的洞察力和创造力；当客户完成一项任务时，服务人员可以赞赏客户的努力和成果。这种真诚的赞赏能够让客户感受到被认可和尊重，从而更加愿意与服务人员建立长期的合作关系。

经典案例

在某五星级酒店的大堂，午后阳光明媚。李先生，一位常住的商务客人，正在准备办理入住手续。前台接待员张小姐微笑着迎接了他。

"李先生，欢迎再次光临我们的酒店。我看到您预定的是标准间，不过我们有一套豪华套房因为之前的客人临时取消而空了出来。考虑到您是我们酒店的尊贵常客，我想询问一下，您是否愿意升级到这套豪华套房？当然，这个升级是完全免费的。"张小姐热情地说道。

李先生听了，有些惊讶，但更多的是高兴。"真的吗？那太好了！张小姐，你总是这么体贴，太感谢你了！"

办理入住手续时，张小姐又细心地问道："李先生，我记得您喜欢喝绿茶，对吧？套房内已经为您准备好了绿茶和一些小点心。如果您还有其他需要，比如叫醒服务或者洗衣服务，也请随时告诉我。"

李先生听了，心里暖洋洋的。"张小姐，你真是太细心了。连我喜欢喝什么茶都记得，真是让我感动。谢谢你们酒店一直以来的周到服务。"

入住后，李先生发现房间里不仅准备了绿茶和小点心，还有一张手写的欢迎卡，上面写着："尊敬的李先生，感谢您再次选择我们的酒店。希望这

> 套豪华套房能让您度过一个愉快的夜晚。我们期待继续为您提供超越期待的服务。"同时,房间里还摆放着一篮新鲜的水果。
>
> 看着这些贴心的准备,李先生感到十分满意。他心想,这家酒店的服务真是太周到了,不仅满足了他的需求,还给了他这么多的惊喜和关怀。他决定,以后出差都选择这家酒店,并且还会推荐给他的朋友们。

二、倾听礼仪

沟通礼仪:倾听礼仪

倾听礼仪是指在交流过程中认真聆听对方所述内容并给予反馈的行为方式,它在人际交往、商务谈判、团队合作等方面具有重要作用。服务岗位的人更应该善于倾听,这样才能够给予说话者足够的尊重和关注。

(一)倾听技巧

1. 态度真诚

对待说话者及其观点保持开放和尊重的态度。在倾听时保持耐心和专注,不要分心或急于表达自己的观点,比如看手机或想其他事情。给予对方足够的时间和空间来完整表达自己的想法。避免打断、批评或过早给出解决方案,让对方充分表达。专注会让对方感到被重视,也更容易与服务人员建立信任关系。

2. 肢体动作

通过听话者的肢体动作可以判断出对方是否在专注倾听。在倾听时,注视说话者的眼睛,表示在认真聆听。例如,眼神交流、身体前倾、点头微笑等。

3. 言语回应

在倾听的过程中,注意保持自己的思维清晰,不被外界干扰所影响。在对方讲述过程中,可主动引导话题、发问,如果有疑问或不明确的地方,及时提出并澄清。比如及时地给予回应,如"我明白""请继续"等,以鼓励对方继续讲述。对方讲述完毕后,给予总结或复述,以确保准确理解了对方的意图和信息。避免使用负面或贬低性的语言,保持对话的积极氛围。

总之，在面对面沟通中掌握听的艺术需要耐心、专注和尊重。通过关注对方、保持开放的身体语言、适时给予反馈、避免打断或争论以及善于观察非语言信息等方法，我们可以更好地理解和回应对方的观点和感受，从而建立更加有效和积极的沟通关系。

（二）倾听的注意事项

1. 注重文化差异

在跨文化交流中，要考虑到不同文化背景下的倾听礼仪差异。尊重并适应对方的文化习惯，以确保交流的顺畅和有效。

2. 尊重隐私

在倾听过程中，如果涉及对方的隐私或敏感话题，要特别小心并尊重对方的意愿。不要擅自传播或泄露对方的私人信息。

3. 倾听时保持冷静

在面对对方情绪激动或紧张的情况时，尽量保持冷静和镇定。不要让对方的情绪影响倾听和判断。我们可以通过深呼吸或短暂的停顿来保持冷静。

4. 善于观察非语言信息

除了对方的言语之外，还要注意观察他们的面部表情、肢体语言和语调等非语言信息。这些信息可以帮助我们更深入地理解对方的情感和态度。

三、交谈礼仪

沟通礼仪：服务的语言艺术

交谈礼仪，自古以来便是人际交往的基石，在交谈时，需秉持"言忠信，行笃敬"的原则，确保言语忠诚守信，态度敦厚恭敬，这是对交谈内容与态度的双重规范。孔子教诲"君子欲讷于言而敏于行"，倡导谨慎发言，重视倾听与尊重，避免打断与抢话，彰显谦逊与礼貌。同时，交谈的文明与得体亦不可忽视，《礼记》训诫"恶言不出于口，愤言不反于身"，提醒我们摒弃恶毒与愤怒之语，代之以敬语谦辞，维护和谐人际关系，让交谈成为增进理解与友谊的桥梁。

在服务礼仪中，与客户交谈的礼仪是至关重要的，它直接关系到客户体验和服务质量。以下是与客户交谈时应遵循的礼仪规范。

（一）交谈的技巧

1. 交谈态度

交谈时，态度是决定谈话成功与否的重要因素。要保持认真、和蔼、诚恳的态度，使对方感受到被尊重和关注。要尊重对方的观点、意见和感受，避免打断对方的发言或强行表达自己的观点。

2. 交谈的神态

在交谈中，要神态专注，注视对方的双眉到鼻尖的三角区域，以示尊重。

3. 交谈语言

准确是语言表达的首要要求，要吐字清晰、措辞准确、发音正确。同时，生动的语言和通俗的表达方式可以增加语言的感染力和活力，使交谈更加有趣和吸引人。

多使用敬语和谦语。对他人应多用敬语、敬辞，对自己则应多用谦语、谦辞。这体现了内谦外敬的原则，有助于建立良好的人际关系。

4. 交谈语调

一般而言，以柔言谈吐为宜，语音、语调平稳柔和，避免过于尖锐或刺耳的语调。

（二）交谈注意事项

1. 谈话掌握分寸

在人际交往中，要明确哪些话该说，哪些话不该说，以及怎样说才更符合人际交往的目的。这要求我们在谈话时要有分寸感，避免涉及敏感或不适宜的话题。在一般交谈时，要坚持"六不问"原则，即不问年龄、婚姻、住址、收入、经历、信仰等个人隐私问题。同时，也要避免问及对方的残疾和需要保密的问题。

2. 交谈的主题要适宜

选择的主题应适用于双方，可以选一些内容文明、优雅、格调高尚、脱俗的话题。避免涉及个人隐私或令人反感的主题。

总之，交谈礼仪是一种尊重和关注他人的表现，需要我们在交谈中保持诚恳亲切的态度，使用敬语和谦语，掌握分寸和忌讳，注意语言表达的准确性和生动性，以及注意交谈时的神态和用词。同时，选择适宜的主题也是交谈礼仪的重要方面。

第三节

接待之礼，热情周到

"故人具鸡黍，邀我至田家。"（孟浩然《过故人庄》）这句诗描绘了朋友准备饭菜，邀请孟浩然到他家中做客的情景，接待礼仪自古就非常重要。接待礼仪是指在商务接待或社交活动中，主人依据一定的程序、方式、方法和礼仪规范，对宾客表示欢迎、尊重和友好的一种礼仪规范。《礼记·曲礼上》有云："凡与客入者，每门让于客。"此言道出了主客相见时应有的谦让之礼，即在引导客人进入时，主人应处处礼让，以示尊敬。它体现了主人对宾客的尊重、热情、友好和礼貌，旨在营造一个和谐、融洽的接待氛围，使宾客感到宾至如归，从而增进彼此之间的友谊和合作。

职场服务中的接待礼仪主要流程如下。

接待礼仪

一、接待准备

①确定迎接宾客的具体时间、地点和人数。

②安排合适的接待人员，明确各自的职责。迎接人员通常遵循身份相当的原则，即主要迎送人与主宾身份相当。当不可能完全对等时，可灵活变通，由职位相当的人或由副职出面。

③迎送人员不宜过多。

④准备必要的接待用品，如接站牌、名片、礼品等。

⑤提前了解宾客的喜好、需求和行程安排，以便做好相应的准备工作，如安排交通、住宿、餐饮等。

二、仪容仪表

接待人员应穿戴正式、整洁、大方的服饰，女士应化淡妆，必须佩戴工牌。站姿应挺拔，身体与地面垂直，重心放在两个前脚掌上，挺胸、收腹、抬头、双肩放松。双臂自然下垂或在体前交叉，眼睛平视，面带笑容。坐姿应腰背挺直，肩放松，上身保持端正。

三、迎接宾客

迎接方式要看宾客的身份、人数和熟悉程度。对大批客人的迎接，可事先准备特定的标志，让客人从远处即可看清；对首次前来，又不认识的客人，应主动打听，并自我介绍；而对比较熟悉的客人，则不必介绍，仅向前握手，互致问候即可。当宾客到达时，接待人员应主动上前迎接，使用敬语问候宾客，如"您好，欢迎光临"等。如果宾客是远道而来，接待人员应提前到机场、车站或码头等候，避免让宾客久等。在迎接过程中，接待人员应主动帮助宾客提携行李物品，但要注意尊重宾客的意愿。迎接十分重要的来宾时，可以献花。所献之花要用鲜花，并保持花束整洁、鲜艳。忌用菊花、杜鹃花、石竹花、黄色花朵。献花的时间，通常由儿童或女青年在参加迎送的主要领导与主宾握手之后将花献上。

四、引导安排

在接待过程中，为宾客提供引导服务，如介绍人员、引领参观、安排座位等。

接待人员应面带微笑，身体微倾，使用敬语走在宾客的右前方相距约 1 m 处，引领宾客到事先安排好或预想安排的地点。在引导过程中，接待人员应注意保持与宾客的适当距离和速度，避免让宾客感到不适或紧张。如果需要为宾客安排座位，接待人员应逐一为宾客拉椅子，拉椅子时要用左膝顶住椅背，双手扶住椅背上部，平稳地将椅子拉出，并伸手示意宾客就座。

五、端茶礼仪

如果在工作单位待客，应由秘书、接待人员为来宾上茶。接待重要的客人时，则应由本单位在场的职位最高者亲自上茶。上茶时要先客人，后主人；先主宾，后次宾；先女士，后男士；先长辈，后晚辈。如果来宾人数比较多，那么就采取以进入客厅之门为起点，按顺时针方向依次上茶最为妥当。为客人斟茶时不能过满，以七分满为佳。

六、交流沟通

"我侬醉醒自有例，肯向渠侬侧耳听。"（龚自珍《己亥杂诗》）要想了解客户的需求就要懂得沟通，懂得倾听。在接待过程中，与宾客进行恰当的交流沟通，认真倾听宾客的需求和意见，并提供相应的帮助和服务。在交流过程中，服务人员应注意使用恰当的语气和措辞，避免使用不当的言语或举止引起宾客的不满或误解。

七、送别宾客

心理学上，人们留给交往对象最后的印象称作"末轮效应"。在服务过程中，我们既要重视第一印象，也不能忽略给别人留下的最后印象。送别时一定要做好以下几点。

1. 在愉快的交谈中结束交流

首先，向对方表达感谢。感谢他们与我们进行的愉快交谈。这可以让对方感到受到尊重和珍视，同时也展现了我们的礼貌和教养。其次，总结交谈内容。简要回顾一下交谈的主要内容，这不仅可以确认我们和客户都理解了彼此的观点，还能给对方留下深刻的印象，表明我们重视这次交谈。再次，邀请再次交谈。如果合适的话，可以邀请对方在未来某个时间再次交谈。这不仅可以维持我们和客户之间的关系，还能为未来的交流提供机会。最后，提出告别。使用礼貌的措辞提出告别。例如"很高兴和你交谈，期待我们下次再见"或者"我将停止打扰你了，祝你一天愉快"。

2. 在结束交谈时，可以给予对方一些祝福

比如"祝你工作顺利"或者"希望你周末愉快"。这可以让对方感到温馨和愉快。在交谈结束时，我们的肢体语言也很重要。保持微笑，目光接触，以及适当的身体姿态都可以传达出我们的真诚和尊重。尽量避免在交谈正酣时突然中断，这可能会让对方感到困惑或不舒服。如果必须结束交谈，可以提前告知对方，例如"很抱歉，但我需要处理一些紧急的事情，我们可以稍后再聊吗？"如果还没有彼此的联系方式，可以在交谈结束时互相交换联系方式，以便未来的交流。

3. 送别客户

送客到门口。当客户准备离开时，应主动送他们到门口或电梯口，并再次表达感谢和祝福。在送别过程中，要保持微笑和礼貌的肢体语言，让客户感到温暖和舒适。目送客户离开。在客户离开后，不要急于返回办公室或做其他事情，而是应该目送客户离开，直到看不到客户再离开。这可以表达我们对客户的尊重和关注，同时也可以确保客户安全离开。

4. 后续跟进

在客户离开后，可以通过电话、邮件或短信等方式进行后续跟进，询问客户是否满意以及是否需要进一步的帮助和支持。这不仅可以增加客户的满意度和忠诚度，还可以为未来的合作打下良好的基础。

第四节

拜访之礼，谦恭有礼

拜访礼仪

以礼明智

经典传诵

子贡救人

灵公夫人有南子者，使人谓孔子曰："四方之君子不辱欲与寡君为兄弟者，必见寡小君。寡小君愿见。"孔子辞谢，不得已而见之。夫人在绪帷中。孔子入门，北面稽首。夫人自帷中再拜，环佩玉声璆然。孔子曰："吾乡为弗见，见之礼答焉。"子路不说。孔子矢之曰："予所不者，天厌之！天厌之！"

——《史记·孔子世家》

经典启示

从孔子见南子的故事中，我们学到的是对礼节的坚守与灵活应对。孔子即便内心有所顾虑，但仍以君子之礼相见，展现了尊重与得体的重要性。在现代拜访礼仪中，尊重对方的时间与空间是基础，预约、准时、礼貌问候等细节不可忽视。应秉持内外兼修的态度，以真诚和尊重为桥梁，构建和谐的人际交往，这不仅是对个人修养的体现，也是促进社会和谐的重要一环。因此，在任何拜访场合都应像孔子一样，以礼相待，让每一次交流都成为增进理解与合作的契机。

拜访是一个常见的社交行为，指的是为了某种目的（如交流、请求帮助、建立联系等）而亲自去会见某人或到某地访问。在服务场合中，"拜访"常用于描述销售或接待人员访问潜在客户或现有客户，以推销产品或服务、建立或维护业务关系。在私人生活中，"拜访"则用于描述朋友或亲戚之间的互访，以增进感情或分享生活。在多数文化中，拜访被视为一种表示尊重和敬意的方式，因此通常伴随着一定的礼节和仪式，如提前预约、准时到达、适当着装等。在服务礼仪中，拜访主要的流程如下。

一、明确拜访的目的

在进行拜访时，明确拜访的目的至关重要。这不仅有助于我们更有效地准备和规划拜访的内容，还能确保拜访者能够充分利用时间，达到预期的效果。在明确拜访目的时，要考虑以下几个方面。

（一）具体目标

拜访者想要通过这次拜访实现什么具体的结果？比如，拜访者可能想要获得一份订单、了解某个项目的进展情况，或者与对方建立长期合作关系。

（二）关键信息

拜访者需要从对方那里获取哪些关键信息或数据？这些信息将如何帮助拜访者实现我们的目标？

（三）解决问题

拜访者是否有问题需要对方解答或解决？这些问题是如何影响拜访者的工作或业务的？

（四）建立关系

拜访者是否希望通过这次拜访来加强与对方的个人或业务关系？如果是，那么拜访者希望达到什么程度的关系？

在明确目的后，拜访者可以制订一个详细的拜访计划，包括如何开始交谈、如何提出问题或需求，以及如何结束这次拜访。这样的计划将帮助拜访者更加自信、有条理地进行拜访，从而提高成功的概率。

二、拜访前的准备

在拜访前，进行充分的准备是非常重要的。这不仅能帮助我们更加自信地面对拜访对象，还能确保充分利用时间，达到预期的效果。以下是一些在拜访前应该做的准备。

（一）提前预约

在进行拜访时，提前预约是非常重要的。每个人的时间都是宝贵的，因此尊重对方的时间至关重要。提前预约可以避免打扰对方的日常工作或安排，让他们有充分的准备时间。预约不仅是对拜访对象的尊重，也是确保拜访能够顺利进行的关键步骤。预约要注意以下几点。

1. 选择合适的预约方式

根据拜访对象的喜好和习惯，选择合适的预约方式，如电话、电子邮件、社交媒体或专门的预约系统。确保预约方式能够准确、及时地传达信息。

2. 明确预约目的

在预约时，简要说明拜访目的，让对方了解拜访者的来意，这样拜访对象可以更好地安排时间和准备。

3. 提供详细信息

在预约时，提供拜访者的姓名、联系方式、拜访目的、预计停留时间等详细信息。这有助于对方更好地了解拜访者的需求，并安排合适的时间。

4. 确认预约细节

在预约成功后，务必与对方确认预约的时间、地点等细节。这可以避免因误解或疏忽而导致的误会或延误。

（二）了解对方信息

了解拜访对象的背景信息，包括他们的职位、职责、公司或组织的情况等。客户的行业背景、市场地位以及主要竞争对手。查阅他们的社交媒体账号、公司网站或相关新闻报道，了解他们的兴趣、观点或最近的动态。了解对方的需求、购买偏好、决策过程、资金预算等情况。通过了解这些信息，拜访者可以更好地了解客户的需求和期望，可以与客户进行更深入的交流。除此之外，还要了解拜访对象的办公场所地址、行车路线等相关信息，确保拜访顺利。

（三）资料和物品准备

在拜访时，资料和物品的准备是至关重要的，它们能帮助拜访者更好地展示公司形象、产品和服务，并加深与拜访对象的沟通。相关物品包括：产品的相关材料、名片、办公用品、小礼品等。

（四）拜访形象准备

在拜访客户时，形象准备同样非常重要，因为它可以影响客户对拜访者的第一印象，进而影响整个拜访的效果。

要根据拜访的时间、场合和客户的行业特点选择适当的着装。一般来说，服务行业中的拜访应选择正式或商务休闲的着装，避免过于随意或过于正式的装扮。衣物要整洁，搭配的配件，如领带、袖扣、手表等不要过于烦琐或夸张。拜访前要修饰仪容，保持干净清爽。女士需要适当地化淡妆，发型根据拜访的场合、服装进行搭配，指甲干净，不涂颜色明显的指甲油。

充足的准备能够让拜访者更加自信、有条理地进行拜访，并与拜访对象建立更好的联系。准备是成功的关键！

三、拜访时的礼仪

在拜访过程中，遵循适当的礼仪是非常重要的，这不仅有助于展现拜访者的专业素养和表示尊重对方，也有助于建立和维护良好的关系。

（一）准时赴约

在商务拜访中，准时赴约是极其重要的礼仪之一，它不仅体现了拜访者的专业素养，也反映了拜访者对客户的尊重和重视。出发前要了解交通状况、预估行程时间，并留出足够的时间来应对可能的交通延误或其他意外情况，确保能准时抵达。提前到访或者迟到都是失礼的行为。到达时间一般比预约时间提前 10 min 为宜。

拜访中，如果因为特殊情况无法抵达，要尽早告知对方自己无法抵达并说明具体原因，并告知自己预计抵达的时间，同时，表达自己诚挚的歉意。致歉时不要过多地为自己找理由，要礼貌地询问是否因为自己的过时给对方安排带来了影响，并尽可能安排相应的补救措施。

总之，在商务拜访中，准时赴约是基本的礼仪要求。通过提前规划、设置提醒、提前出发、考虑时间差、通知客户、保持联系、预留缓冲时间、避免临时更改、考虑天气因素和尊重客户时间等方式，拜访者可以确保自己能够准时到达拜访地点，并与客户建立良好的关系。

（二）拜访时长有度

职场中，大家时间的安排都比较紧张，提前预约好时间的，一定要在时间段内结束拜访。如果没有提前议定的时间限制，拜访时间一般以 0.5~1 h 为宜。拜访过程中，把握好时长，是对对方的尊重，能体现出拜访者的修养，有利于后续合作。

（三）礼貌问候

见到拜访对象时要主动打招呼，适当寒暄。如果是第一次拜访，还要主动递上自己的名片，并做自我介绍和来访说明。若对方主动伸手准备握手，要礼貌与之相握，如果室内还有别人，要一一与之礼貌问候。

（四）遵守落座时的规范

在职场中，拜访者要等到主人示意后再入座。具体做法是，在主人邀请入座后，用语言表达感谢，寒暄，等主人先落座后再随之落座。有时，主人会出于谦恭将尊位让给拜访者，这时，拜访者应该自谦请主人坐在尊位上。有时主人会请拜访者自行落座，拜访者应根据情况落座，并注意把尊位留给主人。

（五）拜访中的交流

开始交谈时，如果是熟人或老友，可以先谈谈别后的状况和如今各自的状况，再转入正题交谈。如果是初次见面，不妨各自作个简洁的介绍，待气氛融洽后再进入正题。交谈内容应清晰、简短、明了，避免冗长和无关紧要的闲聊。交流过程中要注意倾听，倾听是有效的沟通和建立关系的基础。倾听客户的需求、关注点和问题，可以展示出对客户的重视，并更好地满足客户的需求。交流中，可以使用开放性问题鼓励客户展开对话，让客户有机会表达意见和需求。这有助于更好地了解客户的要求，并为客户提供更合适的产品或服务。当客户提出问题或需求时，应将重点放在提供解决方案上。了解客户的具体问题并提供相应的解决方案，可以凸显自己的专业知识和能力。交流中要通过寻找与客户的共同点，建立共鸣和互信，这有助于建立更紧密的关系。

交流中要注意非言语沟通，保持自信的姿态、眼神接触、微笑等，有助于建立良好的沟通和连接。在谈话过程中，记下关键信息和客户的特殊要求，这不仅可以显示对客户的关注，还能确保后续工作的准确性。通过总结和确认回顾沟通内容，确保双方对谈话内容的准确理解，这可以避免误解，并确证双方在一致的基础上前进。结束交谈时，应对对方的接待表示感谢，并礼貌地告别。

（六）礼貌结束拜访

按照拜访礼仪的惯例，主动结束拜访的人应该是拜访者。一般情况下，拜访者完成拜访内容后，应适时地主动结束拜访。一般在拜访者发言之后结束拜访最为合适。忌不等对方说完话，毫无征兆地起身离开；忌在拜访对象或其他人说完话后，立即结束拜访，容易让人觉得，拜访结束是因为对他们的不满；结束期间不要做出打哈欠或者伸懒腰的动作，这会暗示对拜访对象不耐烦。

结束会谈前最好有一些暗示的动作，比如把茶杯的杯盖盖好，整理好桌上用过的物品，把文件等物品放回自己的包里。这时切记拜访者频繁看表和快速收拾东西。

待双方认同并结束拜访后，拜访者要慢慢起身，礼貌与对方和周围的人握手或者问候，表示感谢后再离开。

在职场中，相互拜访是最为普遍的交往行为，也是服务人员联系业务、沟通感情的重要方式。拜访礼仪不仅仅是一种形式上的规矩，更是一种促进交流与沟通的有效手段。通过遵循礼仪规则，我们可以更加自然地展开话题，避免尴尬和冷场的情况出现。同时，良好的礼仪还能够让被拜访者感受到我们的真诚和善意，从而更加愿意与我们进行深入的交流和沟通。

课后练习

一、思考题

酒店要制订下一个季度的销售计划，你是酒店的一名销售，需要统计主要客户下一季度对客房的需求量，需要你去拜访一下客户，了解相关情况。在礼仪方面，你应该注意哪些事项？

二、要点巩固

（一）判断题

（1）在商务见面时，先伸手握手的一定是地位较高或年长的人。（　　）

（2）商务拜访时，即使对方没有明确邀请，也可以带同事或下属一同前往。（　　）

（3）在商务沟通中，为了展现自信，应该始终坚持自己的观点，不轻易妥协。（　　）

（4）接待客户时，提供茶水和咖啡是基本的礼仪。（　　）

（5）在商务场合中，使用专业术语和行话可以提升自己的专业形象。（　　）

（二）单选题

（1）关于握手礼仪，下列描述正确的是哪项？（　　）

  A. 握手的时间不超过 3 s

  B. 握手时可以用左手

C. 握手时可以戴着墨镜

D. 握手时女士应该先伸手

（2）在商务拜访中，首次见面时应该怎么做？（　　）

A. 直接谈论业务事宜

B. 等待对方主动开启话题

C. 主动问候并做自我介绍

D. 保持沉默，观察对方反应

（三）多选题

（1）在商务见面时，以下哪些行为能够展现出专业和尊重的态度？（　　）

A. 准时赴约

B. 随意打断对方讲话

C. 注意个人卫生和着装

D. 积极参与对话并展现兴趣

（2）在商务沟通中，以下哪些技巧有助于提高沟通效果？（　　）

A. 使用简单明了的语言

B. 避免负面或攻击性的言辞

C. 始终保持严肃的表情和语气

D. 给予对方充分的反馈和确认

（3）在商务接待中，以下哪些行为能够提升客户的满意度？（　　）

A. 提供个性化的服务

B. 忽视客户的特殊需求

C. 及时解决客户提出的问题

D. 对客户表现出真诚的热情和关心

参考答案

三、实践训练

打招呼训练：弟子规中说："路遇长，疾趋揖；长无言，退恭立。"请根据这句话训练自己和不同的人打招呼，可以是老师、同学、家长、朋友、陌生人等，感受其中的不同，复盘自己打招呼的过程，思考一下，可不可以做得更好。

第六章
通信礼仪：虑周藻密，礼尚往来

礼仪指引

在当今数字化时代，通信方式日新月异，电话、微信和电邮已深深融入我们的日常生活，成为了我们与外界沟通交流的重要桥梁。然而，随着通信的便捷性不断提高，如何在这些现代化的沟通工具中，依然保持那份专业与得体的礼仪，就显得尤为重要。每一次通话的语气、每一条信息的措辞，甚至每一封电子邮件的格式，都无声地传递着我们的素养与态度。这不仅是个人的修养问题，更关乎组织的形象与文化的传递。因此，本章将深入挖掘通信礼仪的内在精神，通过实例与理论的结合，引导读者在各种通信场合，都能以恰到好处的礼仪，展现出自己的专业素养与礼貌态度。

知识目标

1. 掌握电话礼仪中的接听、拨打及留言要点。
2. 了解微信沟通中的文字表达、语音及视频通话的礼仪。
3. 熟悉电邮书写格式、称呼、结尾敬语及附件使用的规范。

能力目标

1. 能够在实际通信中准确应用所学礼仪知识。

2. 培养学生处理突发通信状况的能力,如接听不当电话、处理微信骚扰信息等。

素质目标

1. 提升学生的通信素养,使其在任何通信场合都能表现出优雅与得体。

2. 培养学生关注礼仪细节的习惯,以及不断自我提升和创新的意识。

思政目标

1. 通过学习通信礼仪规范,增强学生的职业责任感,树立专业、礼貌的职业形象。

2. 培养高效的沟通技巧和团队协作精神,促进有效的人际交往。

3. 传递积极价值观,尊重多元文化,培养开放包容的国际视野。

4. 提升个人信息保护意识,遵守法律法规,维护信息安全。

经典案例

李晴是一家旅行社的资深客户服务专员。她以周到细致的服务和得体的微信礼仪,在客户中树立了极佳的口碑。以下是一个详细描述李晴如何运用微信礼仪提供卓越客户服务的案例。

某天下午,王先生通过微信公众号联系到了李晴。王先生打算利用年假带家人去欧洲旅行,但对行程安排和选择有些迷茫。李晴收到消息后,立即用友善且专业的语气回复:"王先生,下午好!很高兴为您提供服务。我注意到您对欧洲旅行感兴趣,我们有多条精选的欧洲旅行线路。您可以根据您的兴趣点和旅行时长,选择最适合您的行程。您有特定的国家或城市想要游览吗?"王先生回复说他对法国和意大利的文化与历史非常感兴趣,并希望行程能包含这两个国家的重要景点。李晴迅速回应,并提供了几条包含法国和意大利的旅行线路,每条线路都详细列出了主要游览的城市、景点以及行程的特色。为了让王先生更直观地了解行程,李晴还主动分享了之前旅行团在这两个国家的照片和视频,并详细解释了每个景点的历史和文化背景。她还特别标注了哪些景点适合家庭游玩,哪些活动适合孩子参与,以显示她对王先生家庭需求的关注。在交流过程中,李晴始终保持着耐心和热情。当王先生对某些行程细节提出疑问时,她总是能够迅速而准确地给出解答,并提供额外的旅行建议和小贴士。

经过几轮沟通,王先生最终选定了一条为期10天的法国和意大利深度游线路。李晴随即发送了详细的行程安排、费用明细以及注意事项,并提醒王先生提前办理签证和购买旅行保险。在王先生确认报名并支付费用后,李晴再次通过微信表达了感谢,并承诺在旅行过程中提供全程跟踪服务。她还主动询问王先生是否有特殊饮食要求或其他个性化需求,以便旅行社能够提前做好准备。在旅行团出发前一周,李晴还通过微信向王先生发送了一份详细的出行清单,包括必备物品、当地风俗习惯、安全注意事项等,以确保王先生一家的旅行顺利愉快。

请结合这个案例思考以下问题：

1. 在这个案例中，李晴展现了哪些微信礼仪的关键要素？这些要素如何有助于提升客户服务质量？

2. 如果你是王先生，在这次与李晴的微信交流中，哪些细节会让你感到特别满意？为什么？

一言之美，贵于千金。

——葛洪《抱朴子·释滞》

第一节

电话之礼，礼音悦耳

电话礼仪

在现代社会，电话是我们日常生活中不可或缺的沟通工具。无论是在学习、工作还是生活中，我们都需要通过电话与他人进行交流。因此，了解并遵守打电话的礼仪尤为重要。下面，我们将详细探讨打电话时应遵循的礼仪规范。

一、打电话的礼仪

1. 选择适宜的时间

避免在对方可能休息、用餐或工作繁忙的时段打电话，如22：00以后、8：00以前。如果必须在工作时间打电话，最好先通过短信或邮件询问对方是否方便接听。

2. 准备充分

在拨打电话前，明确通话目的和内容，并准备好要说的要点，以免在通话中支支吾吾或遗漏重要信息。如果是商务通话，提前准备好相关资料和数据，以便能够迅速回答对方可能提出的问题。

3. 开场白与自我介绍

电话接通后，先礼貌地问候，如"您好"，然后进行简短的自我介绍，说明打电话的目的。如果是打给不熟悉的人，清晰明了地介绍自己的身份和打电话的意图，有助于建立信任。

4. 注意语言表达

使用清晰、准确、简洁的语言，避免使用过于复杂或模糊的词语。

保持语速适中，既不要太快也不要太慢，以确保对方能够轻松理解要表达的意思。语气要友好、亲切，避免给人冷淡或命令式的感觉。

5. 倾听与回应

在通话过程中，要积极倾听对方的观点和反馈，不要急于打断或提出自己的观点。给予对方充分的表达空间，并通过适当的回应来表示在认真倾听，如"嗯""是的"等。

6. 结束通话的礼仪

在通话即将结束时，感谢对方的配合和时间，并再次确认双方达成的共识或下一步的行动计划。结束通话要遵循"尊者先结束"的原则，并以礼貌的方式告别，如"谢谢您的帮助，祝您度过愉快的一天，再见！"

7. 其他注意事项

如果通话过程中需要记录信息，请提前告知对方，并在记录时保持专注，以免遗漏重要内容。如果遇到信号不好或听不清对方说话的情况，应礼貌地请求对方重复或换个位置再试。

二、接电话的礼仪

1. 及时接听

电话铃声响起后，应尽快接听，通常建议在响铃三声之内接起，以体现对来电者的尊重。若铃声超过四声才接听，应先向对方道歉。如果因故不能及时接听，应在稍后尽快回复，并向对方解释原因。

2. 礼貌问候与自我介绍

接听电话时，首先应用礼貌的语言问候对方，如"您好"。紧接着应简洁地自我介绍，包括单位名称和自己的姓名，以便对方明确知道他们正在与谁通话。

3. 认真倾听并记录

在通话过程中，要保持专注，不要一边接电话一边处理其他事务，以免给对方留下不专心的印象。如果来电者提供了重要信息或请求，应及时记录，以免遗漏。在手边准备好纸笔，以便随时记录关键信息。

4. 准确回应与转达

根据来电者的需求和问题，给予明确、准确的回应。如果无法立即解决问题，应告知对方会尽快处理或转达给相关人员。在回应时，避免使用模糊或含糊不清的语言，以免造成误解或延误。

5. 结束通话的礼仪

在通话结束时，感谢对方的来电，并礼貌地告别。确保在对方挂断电话后再挂断，以示尊重和礼貌。

6. 转接电话

如果需要转接电话，应先征得相关人员同意后告知对方，并尽快完成转接。如果转接过程中需要对方等待，应每隔一段时间向对方通报进展，以免对方感到被忽视。

7. 其他注意事项

在通话过程中,要注意保护个人隐私和组织机密,避免在不经意间泄露重要信息。对于来自未知号码或可疑的来电,应谨慎处理,避免泄露个人信息或组织内部情况。

拓展知识

使用电话的礼貌用语

不妥当用语	正确用语
"喂!"	"您好!"
"喂,你找谁?"	"您好!这里是……,请问有什么可以帮到您的?"
"给我找一下……"	"请您给我找一下……好吗?谢谢!"
"等一下。"	"请稍等一下。"
"他不在这儿。"	"他在另一处办公,请您直接给他打电话,电话号码是……"
"他现在不在。"	"对不起,他不在,如果您有急事,我能否代为转告?"或"请您过一会儿再打过来。"
"你有什么事?"	"请问有何贵事?"
"你是谁啊?"	"对不起,请问您是哪一位?"
"你说完了吗?"	"您还有其他事吗?"或"您还有其他吩咐吗?"
"那样可不行!"	"很抱歉,恐怕不能照您希望的办。"
"我忘不了!"	"请放心!我一定照办。"
"什么?再说一遍!"	"对不起,请您再说一遍。"
"把你的地址、姓名告诉我。"	"对不起,您能否将您的姓名和地址留给我?"
"你的声音太小了。"	"对不起,我听不大清楚。"

第二节

微信之礼,文雅有节

微信礼仪

微信,作为当今社会最为流行的即时通信工具之一,其礼仪规范越来越受到人们的重视。在微信使用中,遵循文雅有节的礼仪不仅可以维护个人形象,还能有效促进人际交往。下面,我们将从五个方面详细阐述微信礼仪的精髓。

一、起名和头像

微信名字和头像是我们在微信社交中展现给外界的第一形象,它们的选择直接体现了我们的服务态度和专业性。

(一)微信起名原则

1. 结合个人特点

可以从自己的性格、爱好或职业特点出发,选择一个与之相符的名字。

2. 避免低俗和负面词汇

选择积极向上的词汇,避免使用粗俗或带有负面含义的字眼。

3. 易于记忆和发音

避免使用过长或复杂的名字，选择一个简洁、易于记忆和发音的名字，这样更方便他人称呼和查找。

（二）头像使用原则

1. 清晰度高

确保头像图片清晰度高，避免使用模糊或低质量的图片。一个清晰的头像能够让人更好地识别面部特征，留下深刻印象。

2. 专业与个性并重

在选择头像时，既要考虑专业性，也要展现自己的个性。如果是在工作场合使用的微信，可以选择一张正式、专业的照片作为头像；而在私人场合，则可以选择一张更能展现自己个性的照片。

3. 避免过于夸张或低俗

避免使用过于夸张、低俗或具有争议的头像，以免给他人留下不良印象。选择一个文雅、得体的头像，能够更好地展现个人形象和品位。

4. 定期更新

随着时间和个人变化，可以适当更新头像，以保持其新鲜感和时效性。但避免频繁更换头像，以免给他人造成困扰。

二、使用时间

微信作为即时通信工具，虽然方便了我们随时随地的沟通，但不合理的使用时间可能会给他人带来困扰，甚至影响自己的工作和生活。因此，我们需要精心安排使用微信沟通的时间。

1. 避免工作高峰时段

在工作日的 9：00~11：00 和 14：00~16：00，通常是大多数人的工作高峰时段。这段时间内，人们往往全神贯注于工作，因此，尽量避免在这些时段发送非紧急的微信消息，以免打扰到他人的工作节奏。

2. 尊重休息时间

22：00后至次日8：00前，是人们休息和睡眠的时间。在这段时间内发送消息，很可能会打扰到他人休息。所以，除非有紧急情况，否则应避免在这些时段发送微信。

3. 合理利用空闲时段

午餐时间、下班后以及周末，是人们相对空闲的时段。在这些时间段内发送微信，对方更有可能及时回复，并能进行较为深入的交流。

4. 考虑时区因素

在与海外朋友或合作伙伴交流时，要特别注意时区的差异。确保在发送消息时考虑到对方的当地时间，避免在对方深夜或凌晨时发送消息。

三、内容编辑

撰写和发送微信消息时，应注重内容的礼貌、清晰和有意义。

1. 使用得体的称呼

在发送消息时，根据与对方的亲疏关系和身份，使用恰当的称呼，如"张总""李老师"等。避免使用过于随意或不恰当的称呼。

2. 明确且简洁的表达

消息内容应简洁明了，直接表达核心意思。避免使用冗长、复杂的句子或过多的修饰词。同时，可以分段发送长消息，以提高可读性。

3. 保持专业和礼貌

在工作场景中，使用专业和礼貌的语言，避免使用口语、俚语或网络用语。此外，要注意避免发送涉及敏感、争议性话题的内容。

4. 合理使用表情符号

适当使用表情符号可以活跃气氛、表达情感，但需注意使用场合和对象。在工作场景中，应谨慎使用表情符号，避免给人不专业或轻浮的印象。

5. 尽量避免使用语音

工作场景发微信一般采用文字，尽量不用语音。文字编辑可以反复阅读检查再发出，避免使用错别字、用词不当、描述不清等问题的出现，也避免对方在不方便听取语音的场合之中，以及语音翻译文字不当而造成信息传达不及时、不准确等情况。

四、回复信息

1. 及时回应

看到消息后，应尽快给予回复，以体现对对方的尊重和重视。如果暂时无法回复，可以在方便时解释原因并致歉。避免长时间不回复或忽略消息，以免给对方造成困扰或误解。

2. 准确理解并回应

在回复前，确保已经准确理解对方的消息内容和意图，避免答非所问或产生误解。同时，针对对方的问题或需求给予明确、具体的回应。

3. 保持友善和耐心

在回复时，使用友善、耐心的语气和措辞，以维护和谐的交流氛围。即使面对对方的不满或抱怨，也应保持冷静、客观的态度，积极寻求解决方案。

4. 结束对话的礼貌用语

在对话结束时，可以使用"谢谢""再见"等礼貌用语来表达对对方的感谢和尊重。同时，也可以询问对方是否有其他问题或需求，以体现关心和周到。

五、朋友圈经营

微信朋友圈作为个人展示和社交互动的重要窗口,其经营方式直接影响着我们的个人形象和社交关系。

1. 精选分享内容

多分享有价值的信息,如行业前沿动态、深度好文、专业知识等,展示自己的关注点和知识储备;也可分享个人生活点滴和感悟,但要避免过于琐碎和负能量的内容,保持积极向上的形象。

2. 注重内容质量

确保分享的内容真实可信,避免传播不实信息或夸大其词。

发布前,对分享的内容进行适当的编辑和排版,使其更加美观易读,提升阅读体验。

3. 控制发布频率

应当避免刷屏,保持适当的发布间隔,以免给好友造成信息过载的困扰。根据内容的重要性和时效性来合理安排发布时间,确保信息能够得到有效传播。

4. 积极互动回应

对于好友的评论和点赞,要及时回应并表示感谢,展现友善和尊重。主动关注并互动好友的朋友圈,通过点赞、评论等方式建立和维护良好的社交关系。但要注意不要盲目点赞,以免形成随意和游手好闲的形象。

5. 塑造个人风格

通过一致性的内容和视觉风格来塑造个人品牌形象,使好友能够对自己形成深刻的印象。在保持专业性的同时,也可以适当展现自己的个性和兴趣爱好,增加与好友的共鸣点。对于敏感或争议性话题,要谨慎发表观点,避免引发不必要的争议和误解。

第三节

电邮之礼，敬文谨事

在信息技术高速发展的今天，掌握得体的电邮礼仪，不仅有助于建立良好的个人形象，还能在求职、日常沟通、团队协作等多方面发挥积极作用。电邮礼仪讲究"敬文谨事"，即追求规范性和细致性，它要求我们在书写、收发及回复邮件时，必须注意措辞、格式和态度，以建立和谐、高效的电子邮件交流环境。

一、撰写邮件的礼仪

1. 明确的主题

邮件主题应简短明了，能够准确概括邮件的核心内容。避免使用模糊或过于笼统的标题，如"你好""询问"等。

范例：如果您是邀请客户参加某个活动，主题可以写为"关于××活动的邀请函"。

2. 恰当的称呼

根据收件人的职位、性别、年龄以及自己与他们的熟悉程度来选择合适的称呼。对于不熟悉的正式场合，通常使用"尊敬的××"开始；对于较为熟悉的人，可以使用"亲爱的××"。

3. 正文内容

开头简短问候后，直接进入主题，清晰明了地表达自己的意图或请求。分段阐述不同的内容点，使得邮件结构清晰，易于阅读。如有需要，可使用加粗、项目列表等方式突出关键信息。

4. 结尾敬语与署名

结尾可使用"谢谢""期待您的回复"等礼貌用语。署名应包含自己的全名和联系信息，方便收件人进行后续沟通。

二、收发邮件的礼仪

1. 核对与确认

在发送前，至少检查两遍收件人的电子邮件地址，确保无误。对于重要邮件，可以考虑使用邮件的"已读回执"功能，了解收件人是否已阅读邮件。

2. 慎重选择群发

群发邮件前，务必考虑每个收件人是否真的需要接收此邮件。避免滥用群发功能，以免引起不必要的困扰或反感。

3. 保护隐私与安全

永远不要在邮件中发送敏感的个人信息，如密码、银行账户详情等。若需发送重要文件，建议使用加密附件或通过安全的文件传输服务。

三、回复邮件的礼仪

1. 及时性与明确性

收到邮件后，尽量在 24 h 内给予回复，以示尊重和效率。

回复内容应明确、具体，避免含糊其辞或模棱两可的表达。如需长时间外出没有回复邮件的条件，则最好先设置自动回复功能。

2. 专业与礼貌并重

无论邮件内容如何，都应保持专业的态度和礼貌的语言。对于复杂或敏感的问题，更要冷静、理性地回复，避免情绪化的言辞。

3. 完整性与准确性

确保回复中包含了对方问题的所有要点，并提供准确的答案或解决方案。如需进一步查证或研究，应明确告知对方，并尽快给予后续回复。

邮件范例

收件人：12345678@163.net

主题：关于"服务礼仪"课程作业的具体要求咨询

尊敬的莫老师：

您好！感谢您在百忙之中查阅此邮件。我是您"服务礼仪"课程的学生，对于本次课程作业的具体要求，我有一些疑问，特向您咨询。

具体来说，我想了解作业提交的格式、字数要求以及评分标准等细节。这些信息对于我完成高质量的作业至关重要，也能帮助我更好地理解您的教学期望。

我深知您的教学和科研工作繁忙，但如果您能在百忙之中抽空回复，我将不胜感激。

期待您的回复，再次感谢您的辛勤付出和耐心指导。

祝工作顺利，身体健康！

此致

敬礼！

23 酒管 1 班陈小同

2024 年 6 月 6 日

注：如有需要，我可以安排时间与您面谈，详细讨论作业要求。请您指示一个方便的时间段，我会尽量配合。

课后练习

一、案例分析题

（一）

张华是某公司的新员工，他需要用电话联系一个重要的客户，确认一份合同的细节。这是他第一次直接与客户电话沟通，因此他有些紧张。在拨打电话之前，张华做了充分的准备，包括事先写下要讨论的关键点和可能遇到的问题。然而，当他拨通电话后，由于紧张，他说话语速很快，而且多次打断客户的发言，急于表达自己的观点。

1. 分析张华在电话沟通中有哪些不当之处。
2. 根据打电话的礼仪，张华应该如何改进他的沟通方式？
3. 如果你是张华，在拨打电话之前，你会做哪些额外的准备工作？

（二）

李丽是一家咨询公司的项目经理，她经常使用微信与客户和同事沟通。有一天，她在微信工作群里发了一条信息，询问一个即将开展的项目的进度。由于群里的成员较多，且各自分工不同，李丽的信息中并没有明确@具体的负责人，只是泛泛地发了一条消息。结果，群里出现了多条回复，有的提供信息，有的询问细节，造成了一定的混乱。

1. 分析李丽在微信沟通中的不足之处。
2. 在工作微信群聊中，应该如何更加有效地提问和沟通？
3. 如果你是李丽，你会如何改进你的微信沟通技巧？

（三）

王明是一家跨国公司的市场部经理，他经常需要通过电子邮件与国外客户进行商务沟通。有一天，他收到了一封来自一个重要客户的邮件，询问一款新产品的详细信息。王明很高兴看到这一潜在的商机，于是他迅速回复了一封邮件，详细介绍了产品特点和价格。然而，由于时间紧迫，他在邮件中没有进行正式的称呼和结束语，直接进入了主题，并且在邮件中使用了多个缩写和俚语。

1. 分析王明在回复电子邮件时存在的问题。

2. 根据电子邮件的收发礼仪，王明应该如何修改他的回复？

二、要点巩固

（一）单选题

（1）你在22：00接到一个国外客户的电话。考虑到时差问题，以下哪种回应是符合打电话礼仪的？（　　）

  A. 直接告诉客户现在太晚，明天再说

  B. 耐心接听电话，并尽量解决客户的问题

  C. 询问客户是否可以明天白天再联系

  D. 挂断电话，发送电子邮件回复客户

（2）关于接电话的礼仪，以下哪项说法是正确的？（　　）

  A. 如果正在开会，可以让电话一直响，会后回拨

  B. 接听电话时，应首先自报家门，再询问对方身份和意图

  C. 在接听电话时，可以一边与他人交谈一边接电话

  D. 如果不是找自己的电话，可以直接挂断

（3）你正在通过微信与客户沟通一个重要项目。突然，你意识到发送的信息有误。根据微信使用礼仪，你应该如何处理？（　　）

  A. 等待客户回复后再解释错误

  B. 立即发送一条更正信息，并致以歉意

  C. 忽略错误，继续讨论其他事项

  D. 停止使用微信，改用电话沟通解释

（4）发送电子邮件时，以下哪项做法是不妥的？（　　）

A. 使用清晰、简洁的邮件主题

B. 在邮件正文中详细阐述事情，避免使用大段附件

C. 邮件结尾使用适当的结束语和签名

D. 将所有收件人的邮箱地址放在"密送"栏中，以保护他们的邮箱地址不被其他收件人看到

（5）在通信礼仪中，以下哪种做法能够体现出对对方的尊重？（ ）

A. 在深夜给对方拨打电话谈论工作事宜

B. 在微信聊天时，频繁使用表情符号和缩写

C. 回复电子邮件时，仔细校对内容，确保信息准确无误

D. 在未征得对方同意的情况下，将其联系方式分享给第三方

（二）多选题

（1）接电话时，以下哪些行为是符合礼仪的？（ ）

A. 在电话铃响三声内接听电话

B. 接听电话时，首先向对方问好并自报家门

C. 如果需要查找资料或离开一会儿，先向对方说明情况并请其稍等

D. 如果不是找自己的电话，直接告诉对方打错了并挂断电话

（2）在微信工作群中，以下哪些做法是推荐的？（ ）

A. 发送信息前，先确认信息的准确性和完整性

B. 避免在群内发送与工作无关的内容或广告信息

C. 在提及他人时，使用@功能以确保对方能够及时收到提醒

D. 对于重要信息或通知，可以使用群公告功能进行强调

（3）在一次商务午餐会上，你需要与客户进行电话沟通以确认后续的合作细节。以下哪些做法符合通信礼仪？（ ）

A. 在餐桌上直接拨打电话，与客户讨论合作事宜

B. 先向客户致歉，说明需要接打电话的原因

C. 选择一个相对安静的角落进行通话，以免影响他人

D. 在通话过程中，大声地与客户讨论合作细节

（4）编写电子邮件时，以下哪些要素是必不可少的？（　　）

　　A. 清晰明了的邮件主题

　　B. 准确的收件人地址和抄送地址（如果需要）

　　C. 正式且礼貌的称呼和问候语

　　D. 详细的附件说明和恰当的结束语及签名

（5）在一次重要的商务谈判中，你需要通过电话与远方的同事沟通以获取关键信息，以下哪些做法符合打电话的礼仪？（　　）

　　A. 选择一个相对私密的环境进行通话，避免泄露商业机密

　　B. 在通话过程中保持语速适中、声音清晰，以确保对方能够听清楚

　　C. 在通话过程中频繁打断对方的发言，以表达自己的观点

　　D. 在通话结束后向对方表示感谢，并确认下一步的行动计划

三、实践训练

（一）模拟打电话与接电话场景

训练目标：训练目标通过模拟实践，让学生掌握打电话和接电话的基本礼仪。

训练步骤：

1. 将学生分成小组，每组2人，分别扮演打电话者和接电话者。

2. 打电话者需要构思一个合理的通话目的和内容，可以是邀请、咨询、感谢等。

3. 接电话者需要准备应对不同情况的话术，包括询问对方身份、了解对方需求、记录重要信息等。

4. 双方进行模拟通话，注意运用所学的打电话和接电话礼仪，如自我介绍、礼貌问候、确认信息、感谢对方等。

5. 通话结束后，小组内成员互相评价对方的表现，提出改进意见。

（二）微信沟通模拟

训练目标：通过模拟微信沟通场景，让学生学会如何在微信中遵守礼仪进行有效沟通。

训练步骤：

1. 学生需设想一个具体的微信沟通场景，如向导师请教问题、与同事协调工作、向客户确认需求等。

2. 学生根据场景编写微信对话内容，注意运用所学的微信使用礼仪，如使用恰当的问候语、表达清晰明确的信息、避免使用过于随意的语言等。

3. 学生将编写好的微信对话进行模拟演示，可以配合语音或文字进行展示。

4. 其他学生和教师对学生的微信沟通表现进行评价，提出建议。

（三）撰写专业电子邮件

训练目标：通过撰写电子邮件，让学生掌握电子邮件的撰写技巧和收发礼仪。

训练步骤：1. 教师提供一个具体的电子邮件撰写背景，如向潜在客户介绍产品、向公司领导汇报工作进展等。

2. 学生根据背景信息撰写一封专业的电子邮件，注意邮件主题、称呼、正文、结尾和附件等部分的礼仪规范。

3. 学生在完成邮件撰写后，相互交换邮件进行评价，主要从内容是否清晰明了、语言是否得体、格式是否规范等方面进行点评。

4. 教师选取几份典型邮件进行全班点评，强调电子邮件礼仪在实际工作中的重要性。

参考答案

第七章
岗位礼仪：谈吐合知，举止得体

礼仪指引

在快速发展的服务业中，无论是穿梭于酒店大堂的优雅身影，还是引领旅客穿梭于美景之间的旅游从业者，其言谈举止皆是对"和"之理念的生动诠释。酒店岗位服务礼仪，强调以客为尊，细节之处见真本事，每一次微笑、每一句问候，都是对宾客最真挚的欢迎与尊重，恰如《礼记》所云："入境而问禁，入国而问俗，入门而问讳。"旅游岗位服务礼仪，要求导游及旅游服务人员不仅具备广博的知识，更需展现出对异域文化的敬畏与尊重，于行走间传递文化的温度，让每一次旅行都成为心灵交流的桥梁，正如古人云："读万卷书，行万里路。"两者虽岗位不同，却共同遵循着礼仪之道，以谈吐合知展现专业素养，以举止得体彰显职业魅力，共同绘就服务业的美好画卷。

知识目标

1. 掌握酒店岗位礼仪规范的基本概念，理解其在酒店运营中的重要作用。

2. 熟悉酒店各个岗位应遵守的基本礼仪规范，包括前台接待、客房服务、餐饮服务、康乐服务等。

3. 学生能够深入理解并掌握在团队接待、景区讲解、餐饮服务及紧急事件处理等特定场合下的礼仪要求和技巧，提高应对不同情况的能力。

能力目标

1. 能够熟练运用酒店岗位礼仪规范，为客户提供热情、周到、细致的服务。

2. 能够在不同场景下灵活应对，妥善处理客户的各种需求和问题，提高客户满意度。

3. 能够与同事协作，共同营造良好的工作氛围，提升酒店整体服务质量。

4. 能够在面对突发情况和紧急事件时迅速反应，冷静处理，有效沟通，保障客户安全并妥善处理问题，展现出良好的应变能力和职业素养。

素质目标

1. 培养良好的职业道德和敬业精神，树立以客户为中心的服务理念。

2. 养成细心、耐心、热情的服务态度，关注客户需求，提供个性化服务。

3. 具备良好的沟通能力和团队协作精神，能够积极面对挑战和压力。

思政目标

1. 弘扬中华优秀传统文化，传承和发扬"客至如归"的待客之道。

2. 培养学生的社会责任感和奉献精神，积极履行社会职责，推动酒店行业的可持续发展。

3. 引导学生树立正确的价值观和人生观，培养良好的职业道德和职业素养，成为具备高度职业素养的酒店从业者。

经典传诵

初，子列子好游。壶丘子曰："御寇好游，游何所好？"列子曰："游之乐所玩无故。人之游也，观其所见；我之游也，观其所变。游乎游乎！未有能辨其游者。"壶丘子曰："御寇之游固与人同欤，而曰固与人异欤？凡所见，亦恒见其变。玩彼物之无故，不知我亦无故。务外游，不知务内观。外游者，求备于物；内观者，取足于身。取足于身，游之至也；求备于物，游之不至也。"

于是列子终身不出，自以为不知游。壶丘子曰："游其至乎！至游者，不知所适；至观者，不知所觊。物物皆游矣，物物皆观矣，是我之所谓游，是我之所谓观也。故曰：游其至矣乎！游其至矣乎！

——《列子·仲尼》

《列子·仲尼》中壶丘子与列子关于游览的对话，给我们带来了深刻的启示。它告诉我们，真正的游览不仅仅是对外在世界的观光和欣赏，更重要的是内心的体悟和成长。如同列子所悟，外在的游览虽然能带给我们短暂的快乐和新鲜感，但真正的游览应该是一种内心的旅行，是对自我和世界的深刻理解和认识。壶丘子所强调的"至游者，不知所适；至观者，不知所觊"，正是提醒我们要超越表面的游览，深入到事物的本质和内心深处，才能真正达到游览的最高境界。因此，我们应该在游览的过程中，不仅欣赏外在的美景，更要注重内心的体验和成长，让每一次游览都成为一次心灵的洗礼和升华。

经典启示

博学之，审问之，慎思之，明辨之，笃行之。

——《中庸》

第一节

酒店岗位服务礼仪

以礼明智

酒店,又称为宾馆、旅馆、旅店等,是提供短期休息或睡眠空间的商业机构。它主要为宾客提供歇宿和饮食的场所,并附加提供生活服务及设施、餐饮、游戏、娱乐、购物、商务中心、宴会及会议等多样化服务。酒店通常由前厅部、客户部、餐饮部、康乐部等部门组成。

一、前厅服务礼仪规范

酒店前厅是指酒店的前台或大堂区域,是酒店业务活动的中心。酒店前厅部,作为酒店的核心服务部门,承载着接待宾客、销售客房商品、协调对客服务、提供综合信息服务以及沟通协调酒店各部门的重要职责。它不仅是酒店形象的"门面"和与外界沟通的"窗口",更是酒店服务质量和经济效益的关键体现。前厅部员工需具备广泛的业务知识和服务技能,以热情周到的态度接待每一位宾客,确保他们在整个入住过程中享受到连贯、高效、满意的服务。同时,前厅部还通过协调酒店各部门之间的服务流程,提供综合信息服务,为客人创造愉快的住宿体验。其组织结构包括礼宾服务、前台接待服务、总机接听服务等,为酒店的顺畅运营和持续发展提供了坚实的支持。

（一）礼宾部服务礼仪规范

礼宾部是酒店第一个直接接待宾客的窗口，在酒店中扮演着不可或缺的角色，是酒店前厅部乃至整个房务部的重要组成部分。礼宾部不仅负责为客人提供欢迎、咨询、预订等服务，还承担着行李服务的职责。

礼宾人员具体的服务礼仪如下：

1.客人抵达酒店区域

（1）热情迎接。

①礼宾部员工在酒店大堂入口或门口显眼位置站立，面带微笑，目光注视入口方向，准备迎接客人。

②当客人进入酒店区域时，员工主动上前，向客人点头致意并问好："欢迎光临××酒店，先生/女士。"并致15°鞠躬礼。

③对常住客人应称呼其姓氏，以表达对客人的礼貌和重视。

④当宾客较集中到达时，要尽可能让每一位宾客都能看到热情的笑容和听到亲切的问候声。

⑤如遇下雨天，要撑伞迎接，以防宾客被淋湿。若客人自带伞，应为宾客提供保管服务，将雨伞放到专设的伞架上。

⑥对老人、儿童、残疾客人，应先问候，征得同意后予以必要的扶助，以示关心照顾。如果客人表示不需要特殊照顾，则不必勉强。

（2）协助停车。

如客人自驾前来，礼宾部员工应主动上前指引车辆停放在指定区域，并提供必要的帮助，如打开车门、提取行李等。

（3）行李搬运。

①客人有随车行李时，应主动询问客人是否需要协助搬运行李，如需取拿行李，请客人当面清点行李数量并确认行李完好无损，得到确认后，迅速、安全地将行李搬运至大堂或客房。

②在搬运过程中，确保行李安全，避免与墙壁、地面等硬物碰撞。

（4）办理入住手续。

①将客人引领至前台，协助客人办理入住手续，如填写入住登记表、确认房间类型及价格等。

②如客人有任何疑问或需求，耐心解答并提供帮助。

（5）引领客人至客房。

①介绍酒店设施：在前往客房途中，向客人简要介绍酒店的基本设施、服务项目及特色等，让客人对酒店有更深入的了解。

②开启房门：达客房后，使用钥匙或电子门锁为客人开启房门，并请客人先进入房间。

③行李安置：将行李放置在行李架上或客人指定的位置，并确保行李安全、整齐。

④房间介绍：简要向客人介绍房间内的设施、使用方法及注意事项等，确保客人能够充分享受酒店提供的各项服务。

⑤询问需求：询问客人是否有其他需求或特殊要求，如叫醒服务、洗衣服务等，并详细记录客人的需求信息。

⑥告别与祝福：在离开房间前，向客人道别并祝愿客人在酒店度过愉快的时光："祝您入住愉快，有任何需要请随时联系我们。"

（6）客人离店。

①确认离店时间：在客人离店前一天或当天，与客人确认离店时间，并提前安排好行李搬运等相关事宜。

②行李搬运：在客人指定的时间，准时到达客房，协助客人将行李搬运至大堂或车辆停放处。

③结算与送别：协助客人办理退房手续，如核对房费、结算押金等。在客人离开时，向客人道别并感谢客人的光临："感谢您的入住，期待您再次光临。"

④送别车辆：如客人自驾离店，礼宾部员工应主动协助客人将行李放置到车辆上，并挥手送别，直到客人离开酒店区域。

经典案例

某五星级酒店于7:00开始迎来一场规模超过百人的重要会议。8:00左右,一位参加会议的客人急切地来到酒店前台,述说了自己的困境。客人在乘坐公交车前来酒店的途中,由于匆忙,不慎将自己的衣物和化妆箱遗忘在了公交车上。面对这一突发情况,客人显得颇为焦虑,询问酒店是否有可能协助寻回失物。

在了解到客人的问题后,酒店的礼宾员即刻安抚客人情绪,并详细询问了事情的具体经过,包括乘车时间、路线及遗落物品的具体描述。在确保客人情绪稳定并继续参加会议后,礼宾员迅速行动,前往离酒店最近的公交车调度室。

在公交车调度室,礼宾员详细说明了客人的情况,并进行了进一步的沟通协作。幸运的是,公交车的乘务员在发现客人的遗失物品后,已将其妥善保管在调度室。礼宾员在确认物品无误后,立即致电客人,告知其失物已经找到,并随后与客人一一核对物品,确保所有物品均已找回。

客人对礼宾员的高效和贴心服务表示了深切的感谢,对酒店的专业水准给予了高度评价。礼宾员在成功帮助客人找回失物后,也露出了满意的微笑,体现了酒店服务的专业与温度。

(二)前台接待服务礼仪规范

1. 接待服务礼仪

(1)准备接待。

前台接待员应站在前台内,目光注视酒店入口方向,准备迎接宾客的到来。

(2)迎接宾客。

①当宾客距离总台3~5 m时,前台接待员应开始注视宾客,面带微笑,

准备提供接待服务。

②当宾客走近前台时，前台接待员应主动起立，面带微笑，向宾客点头致意并问好："您好，欢迎光临××酒店。"

（3）确认预订。

①询问宾客是否已有预订，并请宾客提供预订时使用的姓名或预订号码。

②迅速在系统中查找宾客的预订信息，并确认预订详情。

（4）办理入住手续。

①核对身份：请宾客出示有效身份证件，如身份证、护照等，以便进行登记，仔细核对证件信息，确保准确无误。

②分配房间：根据宾客的预订类型、到店时间、房间状态等信息，为宾客分配合适的房间，向宾客介绍房间的位置、类型、特点等信息，确保宾客满意。

③填写入住登记表：协助宾客填写入住登记表，确保所有信息填写准确、完整。向宾客解释登记表的各项内容，如住宿天数、房间价格、付款方式等。

④制作房卡与收据：根据宾客的入住信息，制作房卡和收据。将房卡交给宾客，并提醒宾客妥善保管。

⑤收取押金：根据酒店规定，向宾客收取一定数额的押金。向宾客解释押金的作用和退还方式，确保宾客了解并同意。

（5）介绍酒店服务与设施。

①提供酒店宣传册或电子版的介绍资料，向宾客介绍酒店的各项服务、设施及营业时间等信息。

②耐心解答宾客关于酒店服务、设施等方面的疑问，确保宾客对酒店有充分的了解。

（6）送别宾客。

①向宾客指示房间所在的具体位置，并告知最近的电梯或楼梯位置。

②祝福宾客入住愉快，并提醒宾客如有任何需要可随时联系前台。

③目送宾客离开，确保宾客顺利前往房间。

2. 预订服务礼仪

（1）问候客人。

①上门预订：微笑、热情问候客人，如"您好，欢迎光临！"并主动询问客人有什么需要帮助的。

②电话预订：在电话铃响三声内接听，面带微笑、热情问候客人，如"您好，××酒店，请问有什么可以帮您？"

（2）介绍服务。

无论是上门还是电话预订，都应主动介绍酒店的服务内容和特色，确保客人对预订事项有清晰的了解。

（3）接受预订。

①礼貌地问清客人的姓名、联系电话、到店日期、时间、入住天数、房型和间数等关键信息。

②如有特殊需求，如无烟房、早餐服务等，也应一并记录。

③对于电话预订，记录完毕后需复述一遍预订信息，确保双方信息一致。

（4）查询并确认预订。

①使用PMS（Property Management System）系统查询客房流量，确认是否可以满足客人的预订需求。

②如有房间，则确认预订信息，如客人姓名、入住日期、房型、房价等，并输入PMS系统。

③如无房间或无法满足客人需求，应礼貌地说明情况，并提供其他选择或建议。

（5）特殊情况处理。

①如果客人预订的房间类型或数量超过酒店规定，应请示上级。

②对于非本人入住的预订，应确认房费支付方式。

③对于预订房间数超过酒店规定的客人，应妥善安排等候名单，一旦有

房空出立即通知客人。

（6）致谢并道别。

①无论预订是否成功，都应礼貌地向客人致谢，并致以祝福。

②对于电话预订，结束通话前应再次确认预订信息无误。

（7）通知相关部门。

将客人的预订信息和特殊要求通知给相关部门，如前台、客房部、餐饮部等，确保各部门做好准备工作。

（8）跟进服务。

①在客人入住前，可以通过短信或电话提醒客人预订信息，确保客人准时到店。

②客人入住后，可以通过电话或邮件询问客人的入住体验，收集反馈并改进服务。

3. 问讯服务礼仪

在开始工作前，确保服务台整洁、有序，所有必要的资料和工具都准备齐全，以积极、友善的心态面对每一位客户，确保在提供服务时能够保持耐心和热情。

（1）接待客户。

①当客户走近或电话响起时，立即起身或接听电话，以礼貌的语气问候客户，如"您好，欢迎光临/您好，××酒店问讯服务，请问有什么可以帮您？"

②细心倾听客户的询问内容或需求，确保准确理解客户的意图。

③在接听电话时，看到客人来临，要点头示意，请客人稍候，并尽快结束通话，以免客人久等。放下听筒后，应向客人表示歉意。

（2）提供解答或服务。

①直接解答：如果问题简单明了，立即给出准确、清晰的解答。

②查找资料：如果问题较为复杂或不确定答案，迅速查找相关资料或询问同事，确保在合理时间内给出答复。

③提供替代方案：如果无法直接解答客户问题，可以提供一些建议或替

代方案，帮助客户解决问题。

④接受客人的留言时，要记录好留言内容或请客人填写留言条，认真负责地按时按要求将留言转交给接收人。

（3）处理特殊情况。

①不清楚的问题：诚实告诉客户自己不清楚该问题的答案，尽快查找相关资料或请教同事，并在找到答案后及时回复客户。

②敏感性政治问题：避免直接回答，委婉地表示该问题不在服务范围内，建议客户咨询相关部门或机构。

③超出业务范围的问题：礼貌地告诉客户该问题超出业务范围，提供相关部门或机构的联系方式，建议客户咨询。

（4）处理繁忙时段。

①优先处理紧急客户：当有多位客户同时需要服务时，优先处理那些情况紧急或需求迫切的客户。

②合理安排等待时间：对于需要等待的客户，提供大致的等待时间，并尽量缩短等待时间。

③保持高效和耐心：在繁忙时段，保持高效的服务速度，同时保持耐心和友善的态度，确保每位客户都能得到满意的服务。

（5）结束服务。

①确认客户需求已满足：在结束服务前，确认客户的需求已经得到满足或问题已经得到解决。

②礼貌道别：以礼貌的语气向客户道别，如"谢谢您的来电/光临，祝您一切顺利/愉快。"

③记录客户信息：如有必要，记录客户的信息和反馈，以便后续跟进或改进服务。

4. 结账服务礼仪

（1）结账准备。

①核对账单：在客人要求结账时，服务员应立即到收银台核对账单，确

保账单金额无误。

②准备工具：准备好账单夹、笔和托盘等结账所需的工具。

（2）递送账单。

①走到客人面前：走到结账客人的右侧，打开账单夹上端，左手轻托账单夹下端。

②递送并说明：递至客人面前，应将账单文字正对客人，请客人看账单，同时说："先生/女士，这是您的账单，请过目。"注意不要让其他客人看到账单内容。如需客人签单，应把笔帽打开，笔尖对着自己，右手递单，左手递笔。

（3）收银或送至收银台。

①现金结账。

a. 当面点清：客人付现金时，服务员应礼貌地在桌旁当面点清钱款。

b. 核对找零：将账单及现金交给收银员，核对找零金额和账单上联是否正确。

c. 递送找零：将找零、账单上联和发票等夹在结账夹内，递回给客人，并说："这是找您的零钱和发票，请点清。"

②信用卡结账。

a. 确认信用卡：首先确认信用卡是否为本店接纳的类型。

b. 送至收银台：请客人稍候，将信用卡和账单送至收银台进行刷卡操作。

（4）礼貌致谢。

无论何种支付方式，在完成结账后，服务员都应向客人礼貌致谢，如说："感谢您的光临，祝您愉快。"

（5）特殊情况处理。

①账单问题：如果客人对账单有疑问，服务员应耐心解释，如确有问题，应立即与收银员核对并更正。

②优惠或折扣：如果客人有会员卡或符合优惠条件，服务员应主动告知并为其办理。

③当客人提出酒店无法满足的要求时,不要生硬拒绝,应委婉予以解释。

（6）送客服务。

①协助客人：如客人携带较多物品或有其他需要,服务员应主动协助。

②礼貌道别：在客人离开时,再次向客人致谢并道别,如说："谢谢光临,期待您的再次到来。"

（三）总机接听服务礼仪规范

1. 接听电话前的准备

①坚守岗位,集中精力,确保电话在"三响之内"接听；如果业务繁忙,超过三声后接听,应向宾客致以歉意："对不起,让您久等了！"

②准备好纸和笔,以及酒店内部常用电话号码表,确保随时可查阅。

③熟悉酒店内部各部门、重要客户、常用服务号码等,以便快速转接或提供信息。

2. 接听电话

①用电话沟通时,宜保持嘴唇与话筒约 3 cm 距离,使用左手接听电话,以方便右手做必要的记录。

②当电话铃声响起时,迅速接听,并使用规范应答语："您好,××酒店,请问有什么可以帮您？"

③通话时,要面带微笑,使语言柔和悦耳,保持声音清晰、自然、亲切、明快,语速不宜太快,用词简练得当,并注意措辞的礼貌性。

④为客人查找资料或是转接电话时,不能让对方等候电话超过 15 s。要求对方等候电话,请向其表示歉意："对不起,请您稍候！"如果一时未能查清,应及时向对方说："正在查找,请您耐心等候！"

3. 来电转接

①若来电者要求转接至酒店内部某部门或人员,快速查阅号码表,礼貌说："请稍候",并立即转接。

②如转接电话占线或无人接听时,请说："您好,先生/小姐,您要的电话占线或无人接听,请稍后打来。"

③如对方要求转接其他酒店或外部号码，应确认无误后转接。

4. 接到打错电话的操作

①当接到打错电话时，应礼貌地告知对方："您好，这里是××酒店，您可能拨错了号码，请问需要我帮您转接吗？"

②如对方明确表示拨错，可礼貌地说："没关系，祝您生活愉快！"然后挂断电话。

5. 叫醒服务

①在提供叫醒服务前，与客人确认叫醒时间、房间号码等信息，并记录在案。

②在叫醒时间前几分钟，拨打电话至客人房间，礼貌地说："您好，这里是酒店总机，现在是早上××点，您的叫醒服务时间到了，祝您度过愉快的一天！"

③如客人已醒或房间内无人接听，可发送短信或留言告知叫醒服务已完成。

④在拨打时，注意不要图省事而按个不停，一般为 5 min 左右一次。若多次提醒仍无人接听，就应通知客户服务人员实地察看，搞清原因。切记不能大意误事，耽误客人的行程或发生意外。

6. 通话结束

①通话结束时，应说"谢谢您！如有需要，请随时联系我们。"以示礼貌。

②等待对方挂断电话后，再轻轻挂断电话，避免用力掷听筒。

7. 讲究职业道德

①尊重客人隐私，不泄露客人信息，不窃听他人电话。

②保持职业形象，不在电话中使用不礼貌、粗俗或带有侮辱性的语言。

③对待每一位客人都应保持耐心、热情、周到的服务态度。

（四）大堂副理服务礼仪规范

大堂副理也称"大堂值班经理"，是酒店宾馆等设置的岗位，一般被视为酒店前厅部门的重要职位，相当于经理助理，主要负责处理客人投诉、意外事故，提供咨询和安全维护，同时收集客人意见并向上级反映，还负责大堂区域的秩序维护，督导员工工作，并接待 VIP 客人。此外，大堂副理还需具备出色的管理和沟通能力，以应对各种紧急情况，确保酒店的正常运营和客人的满意度。

在工作过程中，应注意以下礼仪规范：

1. 工作前准备

①自查仪容仪表：大堂经理需自查并确保自己的仪容仪表符合规定，并对网点其他员工的仪容仪表提出建议。

②开启和检查设备：对于配备叫号系统的网点，应及时开启叫号机并检查设备运行是否正常。同时，检查凭证填写台等辅助服务区域以及为客户提供的点钞机等辅助服务工具运行状况是否正常。

③准备宣传和业务资料：检查宣传资料、相关业务凭证、意见簿等是否摆放整齐，种类是否齐全、适时，并及时更换过期的业务或宣传资料。

④检查营业环境：巡视营业大厅及银行自助服务区的卫生状况，检查营业环境是否整洁美观，确保银行网点客户进出通道畅通。同时，检查利率牌、外汇汇率牌、查询机等设备信息显示是否正常。

2. 工作中服务

①客户接待与分流：大堂经理应遵循"站位准"的原则，站在客户的第一视线内，便于及时接待客户并根据客户需求进行合理分流。

②站位准：大堂经理应站在银行网点门口附近的三角区域，即叫号机、填单台和客户休息区之间的位置。

③分流服务：根据客户需求引导其到相应的服务区域，如自助区、填单台、窗口等。

④业务咨询与引导：大堂经理应主动询问客户需求，提供正确的业务咨询和引导，确保客户能够高效、准确地完成业务办理。

⑤处理投诉与纠纷：对于客户的投诉和纠纷，大堂经理应及时、友好地沟通，给予客户适当的补偿和解决方案，确保客户满意。

⑥协调各部门工作：大堂经理需要协调酒店各部门的工作，确保各项服务的协调顺畅。这包括与客房服务、餐厅饮食服务、前台和接待人员等的沟通合作，并时刻关注其服务效果和质量。

3. 工作结束后总结

①工作总结与评估：营业结束后，大堂经理应对当天的工作进行总结和评估，回顾工作流程和客户的反馈，分析问题和不足之处，并提出改进措施。

②员工评价与反馈：对员工的工作表现进行评价和指导，以激发员工的积极性和创造力。

4. 其他注意事项

①记录与报告：大堂经理应将每天的工作内容记录在值班日志上，并向上级报告重要事项和情况。

②持续学习与提升：大堂经理应不断学习和提升业务知识与服务技能，以适应不断变化的市场需求和客户需求。

二、餐厅服务礼仪规范

（一）餐厅服务的卫生礼仪规范

1. 服务人员个人卫生

酒店餐厅服务人员个人卫生是确保食品安全和顾客用餐体验的重要环节。

（1）健康状况。

①健康检查：所有餐厅服务人员需持有有效的健康证，有效期为1年，临近过期时需及时补办。

②离岗治疗：凡患有传染性疾病者，应及时调离工作岗位。

（2）个人卫生。

①头发：无怪异发型及颜色。女士头发必须盘起，佩戴简洁的黑色头饰。男士头发必须梳理整齐、伏贴、无头屑。厨师应带上厨帽，防止头屑掉落到食品上。严禁在厨房中梳头或用手抓头。

②面部：面部要求清洁、无油渍。女士化淡妆；男士要求天天剃须（含鬓角）。近视者不得佩戴颜色艳丽的镜框，可使用隐形眼镜。处理食物时不能用手触摸鼻子、打喷嚏。厨房内不能用手去触摸耳洞。

③口腔：饭后刷牙或漱口，保持口腔清新，并定期检查牙齿。预备或接触有关食物时，不准吸烟。上班前，上班时不得饮酒，吃含葱、蒜等含刺激性味道的食品，要求口腔无异味。

当班期间不得含嚼口香糖。处理食品时，口腔不应与手及厨具接触。严禁在厨房及食品处理过程中吐痰。

④手、脚与指甲：手部要干净，指甲内无脏物。指甲应保持短而洁，女士不得使用指甲油（以免碎屑掉入食品）。经常清洗双手，特别是去过洗手间或开始工作前及处理食物前后切记洗手。脱去手表、饰物后再仔细清洁手部。常洗脚，勤剪指甲，保持脚部的清洁。厨师应穿着轻巧、耐磨、防滑的鞋子。

⑤制服：在工作区域必须穿着制服，保持清洁、平整、无油渍与磨损。内套衣物不能外露并保持纽扣齐全、扣好。正确佩戴酒店规定的领带、领结和名牌。应穿酒店指定的袜子：男士穿黑色或深蓝色短袜，女士穿肉色尼龙长袜，发现脱丝必须立即更换。皮鞋应经常保持整洁、光亮。只可佩戴简单的手表、结婚戒指和耳钉。厨师应穿着有保护性的制服，要求坚硬、吸水、便清洗，应整齐地佩戴好围裙和帽子。

⑥洗手与消毒：在开始工作前、使用厕所后、打喷嚏或咳嗽后、就餐或吸烟后、触碰生的食物后、打扫地面后、拿完垃圾后、触碰脏的器皿后、洗涤盘子或触碰设备后等情况下，必须洗手。使用标准的洗手方法和消毒剂进行手部消毒。

2. 服务人员操作卫生

（1）使用干净的托盘。

为客人服务时，应使用干净的托盘。托盘内若有菜汤、菜叶，应及时清洗。

（2）正确的拿餐盘手法。

拿餐盘时，四个手指托住盘底，大拇指呈斜状，拇指指肚朝向盘子的中央，不要将拇指伸入盘内。如有大菜盘过重时，可用双手端捧上台。

（3）运送杯具使用托盘。

在运送杯具时，必须使用托盘，确保杯具的干净和安全。

（4）避免交叉污染。

在准备食物时，应确保生食和熟食分开处理，避免交叉污染。同时，使用过的厨具和餐具应及时清洗消毒。

（5）定期清洁。

餐厅内的桌椅、地面、墙面等应定期清洁，确保无灰尘、无油污、无杂物。清洁过程中应使用合适的清洁用品，如清洁剂、消毒剂等，确保清洁效果。

（6）餐具消毒。

餐具在使用前应经过严格的消毒处理，确保无细菌残留。

（7）特别注意事项。

①禁止吸烟：在餐厅内禁止吸烟，确保空气清新无异味。

②避免接触污染物：服务人员应避免接触污染物，如垃圾、废水等，防止细菌传播。

③及时报告问题：如发现食品有异味、变色或变质等情况，应及时报告并采取相应的处理措施。

（二）中餐厅服务礼仪规范

中餐服务礼仪之一

1. 预订服务礼仪

（1）预订渠道。

①电话预订：顾客拨打餐厅电话进行预订，餐厅在铃响三声内接听电话，用礼貌用语问候顾客，并询问预订需求。

②网络预订：顾客通过餐厅官网或第三方平台进行在线预订，填写预订信息，包括用餐日期、时间、人数、姓名、联系方式等，并提交预订请求。

③微信预订：顾客关注餐厅微信公众号或小程序，在菜单栏或聊天界面选择预订功能，填写并提交预订信息。

④到店预订：顾客直接前往餐厅前台进行预订。提供预订信息，包括用

餐日期、时间、人数等，并确认预订细节。

（2）预订需求确认与沟通。

①顾客信息收集：餐厅在接到预订请求后，记录顾客的基本信息，如姓名、联系电话、用餐日期、用餐时间、人数等。

②需求确认与沟通：餐厅与顾客进行需求确认与沟通，了解顾客的特殊需求，如菜品偏好、饮食禁忌等。根据顾客需求，餐厅提供个性化的服务建议。

（3）预订信息登记。

①预订记录建立：餐厅根据顾客提供的信息，建立预订记录，并为每个预订生成唯一的预订编号。

②餐桌安排：根据预订的日期、时间和人数，餐厅进行餐桌的合理安排。确保每个预订的顾客都能得到舒适的用餐环境。

（4）预订确认与保留。

①预订确认：餐厅通过电话、短信或邮件等方式，及时与顾客确认预订信息。告知顾客预订是否成功，以及预订编号等相关信息。

②预订保留：餐厅在确认预订后，保留预留的餐桌。在预订日期前进行有效的管理，避免预订遗漏或冲突。

（5）预订变更与取消。

①变更处理：如顾客需要对预订信息进行变更，餐厅应及时与顾客沟通，确认变更后的预订信息。根据变更后的信息，调整相关餐桌安排。

②取消预订：如顾客需要取消预订，餐厅应给予充分的理解，并及时处理预订取消的手续。提醒顾客注意取消时限及可能产生的费用。

（6）到店签到与用餐服务。

顾客到达餐厅后，在接待员处进行登记，以便餐厅能够及时安排用餐。

2. 迎宾领位服务礼仪

迎宾员是餐厅形象的代表，负责在第一时间为顾客提供热情、专业的服务，让顾客感受到餐厅的温馨和欢迎的态度，通过细致入微的接待和引领，迎宾不仅为顾客创造了一个舒适的用餐环境,还提升了餐厅的整体服务品质,为餐厅树立了良好的口碑。

(1)迎宾准备。

①迎宾员的着装应具有餐厅代表性、整洁、挺括,体现餐厅的品牌形象。同时,要注意鞋子的清洁与舒适度,确保给顾客留下良好的第一印象。

②迎宾员的神情应热情、亲切,面带微笑。应时刻保持愉悦的心态,将积极向上的情绪传递给每一位进入餐厅的顾客。在与顾客交流时,要保持眼神交流,让顾客感受到被尊重和重视。

③客人进入餐厅门口距离约1.5 m处时,迎宾员应主动及时迎接进入餐厅的顾客,微笑问候:"先生(女士)您好,欢迎光临!"

④在雨天,迎宾员应特别关注顾客的需求,可以提前准备好雨伞套或纸巾,以便在顾客进入餐厅时帮助顾客整理雨具。同时,迎宾员可以引导顾客到餐厅内的休息区稍作整理,确保顾客在享受美食之前能有一个舒适的体验。此外,在雨天时,迎宾还可以关注餐厅门口的地面是否湿滑,及时提醒顾客注意安全。

(2)领位服务。

领位员在餐厅门口或指定位置站立,确保着装整洁、专业,面带微笑,保持亲切热情的神态。当顾客距离餐厅门口几步之遥时,领位员主动迎上前,热情问候顾客,如"您好,欢迎光临"。

①确定客人预订及类型:领位员询问顾客是否已有预订,如"请问您有预订吗?"询问或观察顾客类型,例如商务型客人、家庭聚餐、朋友聚餐等。

②引领客人入位:

a.商务型客人:引领至靠窗或较为安静的角落位置,便于商务洽谈。确保位置有足够的私密性,减少干扰。如有需要,可提供餐前茶水服务,帮助客人放松心情。

b.家庭聚餐:引领至宽敞的餐桌或包间,便于家庭成员互动。可选择靠窗或光线较好的位置,营造温馨的用餐氛围。

c. 朋友聚餐：根据朋友人数选择适当的餐桌。可考虑引领至较为热闹或互动性强的区域，如吧台附近或中央位置。

d. 散客：根据餐厅的座位情况，灵活安排位置。可考虑将散客安排在靠近服务台或便于服务员观察的位置，以便及时提供服务。

e. 特殊需求客人（如老人、儿童、残障人士等）：引领至靠近无障碍通道、卫生间的位置或设有儿童座椅的餐桌。提供额外的帮助和服务，如协助搬动椅子、提供婴儿车停放位置等。

③协助客人存放物品：领位员提醒顾客注意保管好贵重物品，如"请您保管好您的贵重物品"。如果顾客有需要，领位员可以协助顾客存放衣物或其他物品。

④与服务员交接：领位员告知服务员就餐人数、主人的姓名（如有）以及其他特殊要求，确保服务员能够称呼主人的姓氏或职务，为顾客提供个性化的服务。

领位员将菜单递给服务员，确保服务员能够及时为顾客提供服务。

⑤特殊天气处理（如雨天）：领位员为进入餐厅的顾客提供雨伞套或纸巾，帮助顾客整理雨具，避免雨水弄湿餐厅地面或座位。特别关注餐厅门口的地面是否湿滑，及时提醒顾客注意安全。

3. 餐前服务礼仪

（1）个人卫生和环境准备。

①服务员需着工装上岗，确保仪容仪表整洁，符合餐厅规定。

②检查并确保餐厅环境整洁，包括地毯、空气质量、备餐间等。

③对所有餐具进行消毒，确保无油渍、无污垢、无破损，并按标准摆台。

（2）宾客接待。

①服务员应站在指定位置，以服务姿势候客。当客人进入视线范围时，应主动微笑迎宾，并向客人问候。

②根据客人的预订情况或餐厅的安排，引导客人至相应的座位。如果需要，应主动为客人拉椅让座。

③根据客人的需要，接收并妥善安置客人的外套、手提包等物品。

（3）餐前服务。

①及时递上菜单，并主动介绍店内的特色菜品。在介绍菜品时，应注意观察客人的目光和兴趣，灵活推荐。询问客人是否有特殊的餐饮要求，如口味偏好、食物过敏或饮食限制等，以便为客人提供更加贴心的服务。

②客人就座后，应及时递上香巾或茶巾。递送时，按顺时针方向进行，站在客人的右侧，用夹子夹住香巾角，打开递到客人面前，并说："请用香巾。"

③站在客人的右后方，轻声询问客人："请问您需要喝点什么茶？我们这里有……茶供您选择。"根据客人的需求，提供茶水或其他饮料服务。当茶叶泡好后，服务员应用右手拿壶，左手托杯，在客人的右侧为客人斟茶。斟茶时，茶水应控制在七分满左右，以免烫到客人或造成不必要的浪费。将斟好的茶轻轻放在客人的面前，并轻声提醒客人："请慢用。"

（4）其他准备工作。

①熟悉当日的菜品供应情况，以便在点菜时能为客人提供准确的信息。

②检查并确保点餐系统、支付系统等设备正常运行，以免在服务过程中出现延误或错误。

③与其他服务人员保持良好的沟通，确保服务流程顺畅，提高客人的用餐体验。

4.点菜服务礼仪

（1）呈递与解释菜单。

①客人坐稳后，服务员将菜单从客人的左边递给客人，如果是团体，则先递给主人右手的第一位客人，然后沿着餐桌逆时针方向依次递给其他客人。呈上菜单后，给客人 5~10 min 看菜单的时间，然后再上前询问客人是否可以开始点菜。

②服务员应对菜单上的菜肴特点有所准备，以便随时回答客人的询问。

（2）点菜服务。

①点菜时，服务员应站在客人的左侧，先询问主人是否代客人点菜，得

到明确答复后再按顺序进行。

②点菜顺序一般为，凉菜、热菜、煲类、汤、主食、酒水。服务员应根据这个顺序为客人推荐和记录所点菜品。

③在点菜过程中，服务员应适时推荐餐厅的时令菜、特色菜等，并向客人解释菜品的原料、口味和烹饪方法。

④如客人点的菜肴已售完，服务员应礼貌地告知并致歉，并向客人推荐类似菜品作为替代，同时征求客人意见并尽量提供补偿措施以缓解不满，确保客人获得满意的用餐体验。

⑤如客人点的菜在菜单上没有列出来，应尽量设法满足，不可一口回绝说"没有"。可以说："请您稍等，我马上和厨师商量一下，尽量满足您的要求。"如确有困难，应向客人致歉说明，敬请客人原谅。

⑥当客人点完菜后，服务员应复述订单内容，以确保无误。

（3）记录与确认。

①服务员使用点菜备忘单或电子设备记录客人所点的菜品，并确保记录准确无误。

②记录完成后，服务员应向客人复述所点菜品及酒水，以再次确认订单内容。

（4）礼貌致谢与送单。

①确认订单无误后，服务员应向客人表示感谢，并将订单送至厨房和吧台进行准备。

②服务员应保持与厨房和吧台的沟通，确保菜品按照客人的要求及时上桌。

5. 上菜服务礼仪

上菜服务流程是一个细致且注重礼仪的过程，它直接影响到顾客的用餐体验。

（1）选择上菜的位置。

①中餐宴会：一般选择在副主人右侧的第一位客人右侧（即第三客人右

侧）上菜，或在陪同和翻译之间上菜，也有的在副主人右侧进行。这样的安排有利于翻译和副主人向来宾介绍菜肴口味、名称。

②中餐零点散餐：上菜位置比较灵活，但应以不打扰客人且方便操作为宜。严禁从主人和主宾之间、老人或儿童的旁边上菜。

（2）上菜注意事项。

①服务敬语：在上菜时，服务员应使用适当的敬语，如"请品尝""请慢用"等，以提升顾客的用餐体验。

②菜品顺序：按照菜单顺序和传统的上菜顺序进行，如先凉后热、先咸后甜、先淡后浓等。

③菜品温度：确保菜品上桌时保持适当的温度，特别是热菜，要热透；冷菜则要新鲜爽口。

④菜品摆放：菜品摆放要整齐美观，注意荤素搭配、颜色和谐。有图案的菜肴应将正面朝向主宾。

⑤注意安全问题：上菜时动作要稳，要留意周围的顾客和环境，避免与其他物品或人员发生碰撞，避免汤（菜）汁洒在客人身上或餐台上。对于易滑的菜品或餐具，要特别小心，确保它们稳稳当当地放在餐桌上，不给顾客带来任何安全隐患。如果客人点的菜肴较多，餐台上已摆满了菜盘，要先将台面整理一下，把客人基本吃完的菜肴，在征得客人的同意后换成小菜盘或合并，然后将空盘撤下，最后再上菜。上菜时避免将菜盘从客人头顶越过，要向客人打招呼，使用服务敬语："对不起，打扰一下，为您上个菜！"等等，然后从客人的间隙送上。

⑥观察客人需求：服务员应随时观察客人的进餐情况，控制上菜的快慢和节奏，以便及时为客人提供服务。

（3）特殊菜品的上菜服务方法。

①带配料或蘸料的菜肴：先将配料或蘸料放在餐台上，然后再上菜。这样可以防止上菜后忘记上配料或蘸料，或让客人等待过久。在上菜时，向客人介绍配料或蘸料的用途和食用方法。

②需上手直接取食的菜肴（如虾、蟹、手扒排骨等）：中高档餐饮店应送上洗手盅，内盛半盅温度合适的红茶水，供客人洗手。同时还要上香巾，供客人擦手用；或是提供适当的餐具（如刀叉、手套等），以方便客人取食。

③不易夹取的菜肴，应在菜肴上餐台后马上在菜盘上放一只公用勺，方便客人取菜。

6. 席间服务礼仪

①客人开始用餐时的服务：当客人开始用餐时，服务员应站在适当的位置，面带微笑，随时准备为客人提供服务。如果客人点了酒水，服务员应及时为客人斟倒，注意酒水的量和倒酒的顺序，通常是先主宾后主人，再按照顺时针方向依次倒酒。

②客人进餐时及时添加酒水：服务员应密切关注客人的酒杯或饮料杯，当酒水或饮料少于三分之一时，应及时上前询问是否需要添加。在添加酒水时，应使用正确的姿势和技巧，确保不会溅出或打翻酒杯。

③客人交谈时的服务：当客人交谈时，服务员应保持一定的距离，避免打扰到客人的交谈。同时，也要留意客人的需求，如需要加水、换盘等，应迅速而礼貌地提供服务。在客人交谈过程中，如果有需要传递菜品或餐具，应轻声提示客人，并尽量避免打断客人的交谈。

④客人不慎将餐具掉落：如果客人不慎将餐具掉落，服务员应立即上前处理。首先，应向客人表示歉意，并询问客人是否受伤，再迅速清理掉落的餐具和残渣，保持桌面的整洁。同时，为客人更换新的餐具，并确保其他餐具的完整性和清洁度。在整个处理过程中，服务员应保持冷静和礼貌，避免让客人感到尴尬或不满。

⑤其他注意事项：在席间服务过程中，服务员还应关注客人的用餐进度和菜品的剩余情况。当客人用餐接近尾声时，应及时询问是否需要添加主食或甜品。同时，也要留意客人的用餐体验，如有任何问题或不满，应及时与客人沟通并解决。

7. 结账服务礼仪

（1）递送账单。

①当客人要求结账时，服务员应礼貌地请客人稍等，并迅速到收银台为客人取账单。检查账单上标注的台号、人数以及食品和酒水消费是否正确，确保账单无误后再递送给客人。

②将账单放在收银夹内，在客人右侧打开收银夹，右手拿住收银夹上部，左手轻托收银夹，递至客人面前，同时对客人说："先生／女士，这是您的账单。"注意不要让其他非付款客人看到账单内容。

（2）结账方式处理。

①现金结账：在客人面前清点钱数后，请客人稍候，将账单及现金交给收银台。收银员收款找零后开具发票，服务员将账单客户联、发票及找零钱放在收银夹内，拿回餐厅。在客人右侧，将账单客户联、发票及找零钱递给客人，同时向客人表示谢意，在客人确认找零钱正确后，迅速离开客人餐桌。

②住客签单：在送上账单的同时，为客人递上笔，并礼貌地提示客人需写清房号、正楷姓名及签字。请客人出示房卡或钥匙牌，核对后拿起收银夹，并真诚表示谢意。将账单送回收银台，确保账单得到妥善处理。

③银行卡结账：将收银夹打开，从客人右侧递给客人，请客人确定用餐金额，服务人员左手执POS机右手取过客人的银行卡，将客人的账单信息输入到POS机中，并确认金额无误，请客人输入密码进行验证，客人在输入密码时，服务人员应礼貌地避让一下，支付成功后，打印凭据，递给客人凭据的同时递上笔，请客人分别在银行卡收据上签字，并检查签字是否与银行卡上的签字一致，然后将账单客户联递给客人，并真诚地向客人表示谢意，最后将账单及银行卡收据其他各联送回收银台。

④注意事项。在整个结账过程中，服务员应保持微笑，礼貌用语，确保服务态度和蔼可亲。对于任何疑问或客人提出的要求，服务员应及时解答和满足，确保客人满意离开。

8.送客服务礼仪

①礼貌提醒与检查：在客人用餐结束准备离开时，服务员应礼貌地提醒客人带好随身物品，如钱包、手机、衣物等。迅速巡视台面，检查是否有客人遗落的物品，如包、手机、香烟等，并及时送还给客人。

②送客至门口：服务员应热情地将客人送至餐厅门口，并在门口处再次向客人表示感谢，如使用"感谢您的惠顾""欢迎下次再来"等礼貌用语。

③若遇到天气变化（如冷天、雨天、雪天），服务员应额外提醒客人注意保暖或小心行走，并提供必要的帮助，如撑伞等。

④安排交通：询问客人是否需要交通帮助，如客人需要打车，服务员应主动帮助叫车，并提醒客人携带好随身物品。

若客人驾车前来，服务员在客人离开时应提醒客人注意安全驾驶，并提醒客人扫停车码。

⑤特殊关照：对于带有小孩或老人的客人，服务员在送客时应给予更多的关注和帮助，确保他们安全离开。

⑥反馈收集：在送客的过程中，服务员可以礼貌地询问客人对本次用餐体验的意见和建议，以便餐厅不断提高服务质量。

⑦结束告别：在客人离开时，服务员应以标准的站姿和微鞠躬的方式向客人道别，并使用热情友好的语言欢迎客人再次光临。一直等到看不到客人后，再转身离开。

通过以上送客服务礼仪的执行，餐厅可以展现出对客人的尊重和关怀，增强客人的满意度。

（三）西餐厅服务礼仪规范

西餐服务礼仪：西餐宴会摆台

1.餐前准备

（1）环境准备。

①清洁与整理：清洁餐厅地面、墙面，确保无污渍。清理和整理餐厅内的桌椅，确保摆放整齐、平稳无晃动，且干净无污。

②环境布置：按摆台程序布置台面，确保摆台规范、整齐，餐具齐全且

干净无破损。

（2）物料准备。

①餐具与用品：准备足够的餐具、餐巾布、桌面装饰物等，并确保清洁净亮且摆放整齐。

②准备调味品、咖啡、淡奶等，确保数量充足且新鲜，准备纸巾、牙签等顾客可能需要的用品。

（3）服务准备。

了解菜品：服务员应准确了解当日菜单上菜品的名称、组成、价格等信息，以便向顾客提供准确的服务。了解菜品中的原材料和制作方式，以便回答顾客的疑问和解释菜品的特色。

（4）处理预订。

接收客人的预订电话和预定信息，记录客人的姓名、联系方式、用餐时间、人数等信息。根据客人的需求，为客人安排合适的座位，并在预定系统中进行确认。

2. 迎接客人

①在开餐时间提前 10 min 到接待台或前台区域，微笑迎接客人，询问客人是否有预定。

②根据客人的需求和餐厅的座位情况，将客人引领至合适的座位。在引领过程中，可以简要介绍餐厅的特色和菜品，帮助客人更好地了解餐厅。

③引导客人入座，主动拉椅，交桌面服务员照顾。

④客人入座后，桌面服务员主动问好，服务员应在 2 min 内为客人提供饮品服务，如冰水、柠檬水等。

⑤服务员应站在客人右侧 0.5 m 处，按先女后男、先客人后主人的顺序依次为客人铺上餐巾。

3. 点餐服务礼仪

（1）递送菜单、酒单。

西餐点餐服务中，由于实行分餐制，人手一份菜单，按先主后宾、女士优先的原则，依次将菜单送至每位宾客手中，同时礼貌地请宾客阅读菜单。

（2）接受点菜。

①询问与推荐：当客人浏览完菜单并准备点餐时，服务员应主动上前询问客人的点餐需求。根据客人的口味和需求，服务员可以推荐特色菜品或餐厅的招牌菜。

②倾听与记录：服务员应仔细倾听客人的点餐要求，包括菜品、口味、烹饪方式等，确保理解准确。使用点菜单或电子设备记录客人的点餐信息，避免遗漏或错误。

③确认与复述：在客人点餐完成后，服务员应复述一遍点餐内容给客人确认。如有需要，可以根据客人的要求进行调整或修改。

（3）核对与下单。

①核对信息：服务员在确认客人点餐无误后，应核对菜品、数量、口味等信息，确保准确无误。

②下单通知：将客人的点餐信息录入餐厅的点餐系统或手写记录，并立即通知厨房进行菜品制作。对于有特殊要求的菜品，服务员应特别注明并提醒厨房注意。

（4）等待与跟进。

①告知客人等待时间：根据餐厅的实际情况和客人点餐的复杂度，服务员应告知客人大致的等待时间。

②跟进菜品制作：在菜品制作过程中，服务员应保持与厨房的沟通，确保菜品按时上桌。

③如遇特殊情况（如菜品售罄、制作时间延长等），服务员应及时告知客人并道歉，同时提供其他选择或补偿措施。

4.西餐侍酒服务

（1）展示酒单与推荐。

西餐服务礼仪：侍酒礼仪

①酒单呈递：在客人点完菜品后，侍酒师会将酒单打开至第一页，从客

人的右侧呈上酒单。若客人不能立即决定，侍酒师可以暂时离开，给客人足够的考虑时间。

②推荐酒水：根据客人的菜品选择和口味偏好，侍酒师可以提供专业的酒水推荐。

（2）酒瓶展示与确认。

①酒瓶展示：侍酒师会将葡萄酒瓶放置在口布上，左手握住瓶身下方，右手握住瓶颈，将卷标朝上，确保客人能清楚地阅读酒标。

②客人验酒：客人需确认葡萄酒的产地、酒庄、年份和温度等信息，只有在得到客人认可后，侍酒师方可进行下一步操作。

（3）开瓶与醒酒。

①开瓶：侍酒师会选择离客人最近的餐边桌进行开瓶操作，使用专业的开瓶器（如海马刀）轻柔、规范地开启酒瓶。

②醒酒：对于需要醒酒的葡萄酒，侍酒师会将酒倒入醒酒器中，让葡萄酒与空气充分接触，释放香气和风味，同时去除酒中的沉淀物。

（4）试酒与倒酒。

①试酒：侍酒师会先倒出少量葡萄酒供自己品尝，确认酒品无误，如果是主人带来的酒，会请主人先品尝。

②倒酒：得到客人点头认可以后，侍酒师会按顺时针方向为在座客人倒酒。倒酒时，酒瓶口不与玻璃酒杯口接触，倒酒量通常不超过玻璃杯最宽的杯身部分。最后为主人倒酒。

（5）续酒与结束。

①续酒：在用餐过程中，侍酒师会观察客人的酒杯，适时为客人续酒。但应避免频繁出现在客人面前，以免打扰客人用餐。

②结束：当客人用餐结束，侍酒师会询问客人是否还需要其他服务，如餐后酒或甜点等。如果客人表示不再需要，侍酒师会感谢客人的光临，并祝客人用餐愉快。

5.餐间服务礼仪

①上菜之前应根据客人的订单重新摆换餐具。

②上菜顺序：服务员应根据西餐的上菜顺序（如头盘、汤品、副菜、主菜、甜品等），合理安排。

③菜品确认：当菜品上桌时，服务员应再次核对菜品与客人的点餐信息是否一致。如有不符或遗漏，应及时处理并道歉。

④服务员应密切关注客人的需求，如提供餐具、饮水等额外的服务。同时，为了不影响宾客的用餐情绪，要轻拿轻放。撤换小物件时应使用托盘，撤盘时，左手托盘，右手收盘，将刀叉集中放在一头，留出空余地方放盘子。

⑤服务员还应随时关注客人的用餐进度，及时为客人续水或撤走空盘，以保持客人的用餐桌面整洁。

6. 送客服务礼仪

（1）准备送客。

①观察客人用餐进度：服务员应密切关注客人的用餐进度，当客人表现出即将结束用餐的迹象时，做好送客准备。

②整理餐桌：在客人用餐即将结束时，服务员应迅速而礼貌地清理餐桌上的空盘和餐具，为客人提供一个整洁的离席环境。

（2）提供账单与结账。

①提供账单：服务员应在确认客人用餐结束后，及时提供账单，确保账单上的菜品和饮料与客人实际消费相符。

②协助结账：根据客人的支付方式（现金、信用卡等），服务员应提供相应的协助，确保结账过程顺畅。

（3）礼貌送客。

①致谢：服务员应向客人表示感谢，感谢他们选择在本餐厅用餐，并希望他们能够再次光临。

②协助取物：服务员应主动询问客人是否需要协助拿取外套、包包等物品，并提供帮助。

③引导离场：服务员应礼貌地引导客人离开餐厅，确保客人能够顺利离开。

（4）后续关注。

①客人反馈：在送客过程中，服务员可以询问客人对本次用餐的满意度和意见，以便餐厅能够不断改进服务质量。

②记录信息：服务员应将客人的反馈和建议记录下来，并及时报告给餐厅管理层，以便采取相应的措施。

（5）注意事项。

①保持微笑：在整个送客过程中，服务员应始终保持微笑和热情的服务态度，给客人留下良好的印象。

②尊重客人隐私：在送客过程中，服务员应尊重客人的隐私，避免过度打扰或询问私人问题。

三、客房服务礼仪规范

客房部是酒店的核心部门之一，致力于为客人提供温馨、舒适且个性化的住宿体验。客房部不仅提供清洁、整齐的住宿环境，还注重细节服务，如床上用品的舒适度、房间的个性化装饰以及高效的入住退房流程等，旨在为客人营造宾至如归的感觉，确保每一位客人都能在这里享受到愉快、轻松的住宿时光。客房服务的工作时间较长，且工作繁杂，因为它涉及酒店日常运营中的多个重要环节，但其工作的细致与专业性直接体现了一个酒店的品质，是展现酒店品质的重要窗口。

（一）客房部员工规范服务基本要求

1. 责任为先，守护品质

客房服务员的工作在很大程度上是个体独立完成的，因此，自觉性和责任心成为了衡量其工作表现的重要标准。优秀的客房服务员应自觉遵守酒店的各项规定和操作流程，对自己的工作保持高度的责任心。客房的清洁、整理、维护等工作对于宾客体验是非常重要的，因此需保持高度的责任感，确保每一个细节都符合酒店的品质标准。同时，应秉持严格的职业操守，绝不随意翻动客人的资料和物品，尊重客人的隐私和权益。

2. 行为规范，展现专业

客房服务员在服务过程中应展现高度的专业性，这包括在楼内行走时保持平稳，注意路线上的设备、器材有无损坏，地上是否有纸屑或积水，若有应及时清理；路遇客人时主动微笑问好并停下让行，正如《礼记·曲礼》中提到，"遭先生于道，趋而进，正立拱手"，引申到酒店服务中，可理解为在路上遇到宾客时，端正站立并致意问好，以表达对宾客的敬意；严格避免聚众讨论宾客。

3. 以客为尊，方便至上

为确保宾客的舒适体验，客房服务人员在楼内应保持安静，避免大声喧哗，以免打扰到宾客的休息。在搬运物品时，尽量轻拿轻放或选择宾客不在房间或楼层较为安静的时段进行，以减少对宾客的干扰。对于宾客入住前的清洁工作，严格遵循清洁标准，确保房间整洁、卫生，为宾客提供一个舒适的住宿环境；当宾客退房后，应仔细检查房间，发现宾客遗漏的物品及时联系宾客并妥善保管，确保宾客的财物安全。同时，应留意房间物品的完整性，如有缺少或损坏，及时上报并尽快补充或修复，以便为下一位宾客提供良好的住宿体验。

（二）客房部服务礼仪

1. 住客的日常服务礼仪

客房清洁服务礼仪是酒店服务中不可或缺的一部分，其质量和专业性直接影响着宾客的住宿体验。宾客住店期间的日常服务范围广、项目多、服务繁重琐碎，需客房服务人员具有良好的身体素质和较强的责任感。

（1）准备工作。

①岗前准备：客房清洁人员应提前到达岗位，按要求着装整齐，佩戴工牌，领取必要的清洁工具和设备。

②检查工作车：确保工作车上的用品及工具齐全，如布草、清洁剂、抹布等，

以满足清洁工作的需要。

（2）进入房间。

①客人一旦入住，客房即属于其私人空间，服务人员不得随意进出该房间，同时，还要有高度的警惕性，确保宾客生命和财产的安全。

②敲门进入：整理房间应尽量避免宾客的休息和工作时间，最好在客人外出时进行。有事需要进入客人房间时，严格按照开门流程执行，一般先按门铃两下，未见动静，再用中指关节有节奏地轻敲房门两次，每次敲三下，同时自报"Housekeeping"，等待宾客回应，确保宾客同意后方可进入或确信房间无人后方可进入。无论客人是否在房间，此时都应将房门敞开。

③敲门后，对可能出现的各种情况应灵活处理，若遇门开着或客人来开门，应礼貌向客人问好，并征得客人允许方可进入。若房内无人应答，进房后发现客人在房间或卫生间，此时如果客人穿戴整齐，要立即向客人问好，并征询客人意见，是否可以工作；如果客人衣冠不整，应立即道歉，退出房间并把门关好。

④工作车放置：如果需要清洁的房间为住客房，工作车不能挡住房门口，应放在房门口的侧面，以免影响客人进出和行走，并用门阻固定住房门，确保在清洁过程中房间保持开放状态。

（3）清洁过程。

①开窗通风：打开窗户和窗帘，确保房间内空气流通。

②巡视检查：打开照明设备检查是否完好，同时检查房间设施设备的完好情况，及时报修损坏的设施设备。

③收齐杯具：将房间内使用过的杯具收集起来，送至指定地点清洗消毒。

④清理垃圾：清空烟缸和垃圾桶，清洁并更换新的垃圾袋。

⑤脏布草管理：撤出床单、被套、枕套等脏布草，放入工作车的布草袋内，注意干湿区别放置。

⑥铺床流程：按照标准流程铺床，确保床单、被套等布草干净整洁，床

铺平整舒适。

（4）注意事项。

①尊重宾客隐私：在清洁过程中，不得擅自翻动宾客的物品，确保宾客的隐私得到保护。

②轻声细语：与宾客交流时，应保持轻声细语，避免影响宾客休息。

③保持工作区域整洁：清洁过程中，确保工作区域干净整洁，避免给宾客造成不便。

④遵守时间：按照酒店规定的时间进行清洁工作，确保在宾客需要时提供及时的服务。

（5）结束工作。

①检查房间：在清洁完毕后，再次检查房间是否整洁、设施设备是否完好，确保无遗漏。

②礼貌退出：向宾客表示谢意并礼貌地退出房间，轻轻关上门。

2. 访客接待礼仪

（1）访客到来与询问。

当访客到达楼层时，客房服务人员应礼貌地询问被访客人的房号、姓名以及访客与被访客人之间的关系。若访客无法提供详细信息，服务人员不得随意让其查阅客房登记表或让其随意敲门。

（2）访客登记。

待确认被访客人信息后，请访客进行登记。要求访客出示身份证、工作证或其他有效证件，并认真核实其照片、姓名等信息。

（3）通知被访客人。

如果被访客人在房间内，服务人员应礼貌地告知访客房间位置，或亲自带领访客到房门口。在带领访客前，应主动与被访客人取得联系，征得其同意后方可允许访客进入。当住客表示不愿意见访客时，客房服务人员应首先礼貌地向访客解释住客的决定，并尊重住客的意愿。随后，服务人员应协助访客离开，同时提供适当的建议，如请访客留下联系方式以便住客稍后联系，或者建议访客在合适的时间再次来访。在整个过程中，服务人员应确保态度礼貌且尊重，以维护酒店的形象和住客的满意度。

（4）被访客人不在时。

如果被访客人不在房间内，服务人员可询问访客是否需要留言或等待。若客人有吩咐可让访客进入房间时，服务人员需再次核实访客信息，如姓名、年龄、性别、单位以及其与被访客人的关系等，以便做好接待准备。若客人没有此项交代，应请访客留言或到大堂等候，不可让访客在楼层逗留。

（5）面对可疑访客时。

客房服务人员应保持冷静、专业，并立即通过询问、核实信息等方式初步判断其真实意图。若访客信息无法确认或行为异常，应立即报告给酒店安保部门，并协助安保人员对其进行监控和处理，以确保酒店和住客的安全。

（6）访客进入房间后的服务。

访客进入房间后，服务人员应提供必要的服务，如茶水、座椅等，并询问是否还有其他需求。注意，服务过程中要保持房间整洁，并及时补充所需物品。

（7）访客离开时的处理。

访客离开时，服务人员应及时检查房间内的物品是否齐全，有无损坏。如有需要，及时与被访客人联系确认。并做好访客进离店的时间记录，以便日后查询。

3.其他服务礼仪

（1）洗衣服务。

客房服务提供洗衣服务时，通常会在房间内放置洗衣单和洗衣袋。住客需要洗衣时，应做到"五清一主动"：房号要记清、要求要写清、口袋要掏清、件数要点清、衣料破损和污渍要看清，主动将衣服按时送到房间。

（2）宾客委托代订、代购或代修服务。

对于住客的委托代订、代购、代修等需求，客房服务会首先记录客人的具体要求和联系方式。对于代订服务，如代订机票、餐厅等，要详细登记并重复确认，并及时联系相关供应商进行预订，并在完成后通知客人。对于代修服务，如电视、空调等设备故障，服务人员会及时联系维修人员进行处理，并在维修完成后告知客人。

（3）宾客在住店期间生病。

当发现住客生病时，客房服务应首先表示关心并提供帮助。服务人员应询问客人的病情，并根据情况建议客人前往酒店医务室就诊或询问是否需要到医院就诊。同时，服务人员要提供必要的协助，如为客人准备纸巾、热水等，并建议客人与亲朋好友联系。在客人病情稳定后，服务人员会记录相关情况并向上级汇报。切不可自行给客人用药或是代客买药。

（4）宾客醉酒现象。

对于醉酒的宾客，客房服务要首先确保宾客的安全，并及时通知上级和保安人员，以免扰乱其他宾客或伤害自己。通常尽量安置醉酒客人回房休息，但应留意房内动静，避免出现损坏房间设备、卧床吸烟而引起火灾或自伤等事件。如果宾客在醉酒期间发生意外或损坏酒店设施，服务人员应及时与宾客沟通协商赔偿事宜。同时，服务人员也会注意保护宾客的隐私和尊严。

（5）客人在店内丢失财物。

服务人员应安慰并帮助客人回忆物品丢失的过程，同时向上司和保安部报告，协助有关人员进行调查，不能隐瞒不报或是自行其是。

4. 离店服务礼仪

在收到客人离店通知后，客房服务人员具体操作流程可以归纳如下。

（1）准备工作。

①检查客人是否有委托代办的事项，如洗衣、叫车等，并确保这些事项已办妥。

②核实客人应送到总台的账单是否已结清，避免漏账或错账。

③如有客人需要行李搬送服务，应问清具体的搬运时间及行李的件数，并及时通知前厅的行李组做好准备。

（2）送别工作。

①当客人离开房间时，应向客人微笑道别，并提醒客人是否有遗忘物品。

②为客人按电梯，当电梯到达楼层时，应用手挡着电梯活动门，请客人

先进入电梯,并协助行李员将行李送入电梯,放好。

③当电梯门即将关闭时,面向客人,微笑鞠躬告别,并向客人表示欢迎他再次光临。

(3)检查工作。

①客人离开楼层后,应迅速入房仔细检查。

②检查房间物品是否有丢失或损坏,特别是迷你吧的酒水是否被动用,如有,应立即告知结账处并将酒水单送到前台。

③检查客人是否有遗留物品,如有,应立即追送。若来不及,应按酒店有关规定进行处理。

(4)记录与存档。

做好离店客人的情况记录,包括离店时间、房间状态、遗留物品等,并送至客房部进行存档,以备查阅。

四、康乐服务礼仪规范

康乐部是一个提供娱乐、休闲和社交服务的场所,是酒店内的一个部门,其主要功能是为人们提供一个放松身心、增进交流的平台。康乐部提供的服务种类繁多,包括但不限于健身设施、游泳服务、棋牌娱乐、文化活动、户外活动等。

(一)健身类项目服务礼仪规范

1. 健身房服务礼仪

(1)接待与服务。

①热情迎接:服务员应以规范的站姿和饱满的精神迎接客人。客人到来时,应热情问候,并将客人引领至服务台办理健身登记手续。

②双手递物:双手将更衣柜钥匙、毛巾等用品递给客人,并为客人指示更衣室的方向。

③介绍器材:客人更衣后,服务员应主动上前引领客人前往健身场地,

并为其介绍各种健身器材的性能。

④提供指导：客人选择器材后，服务员应主动为其做好器材的调试工作，并为客人提供健身指导。对于初次到健身房的客人或第一次使用某种健身器材的客人，服务员应提供示范，讲明注意事项。

（2）健身过程中的关注与保护。

①密切关注：客人在健身期间，服务员应集中思想，密切关注客人的安全，及时给予客人正确的指导，随时做好保护措施。

②礼貌提醒：对于违反健身规范的客人，服务员应礼貌提醒，委婉地劝说。

③主动服务：服务员应适时询问客人是否有饮品等需求，并根据客人的需要提供服务。

（3）健身后的整理与清洁。

①器材归位：客人使用完器材后，服务员应细心地将器材放回原位，确保健身房的整洁和有序。

②清洁工作：服务员应定期清洁健身房、更衣室和淋浴室，确保环境整洁、卫生。

（4）其他注意事项。

①健身房内应保持安静，避免大声喧哗或使用手机等电子设备干扰他人。

②客人使用健身器材时，应避免从高处将举重器械摔下来，保持健身房的安全性。

③服务员应提醒客人注意个人卫生，如擦拭器械上的汗水等。

2. 游泳池服务礼仪

（1）环境准备。

①营业前应准备好各种服务用品，如毛巾、拖鞋、饮料等。

②做好游泳池、更衣室、淋浴室和卫生间的清洁卫生，确保设备摆放整齐。

③检查水质，确保游泳池水清洁、透明，符合国家卫生标准。

（2）接待服务。

①微笑迎接：当客人到来时，面带微笑，主动、热情地问候客人，向客

人表示欢迎。

②询问需求：询问客人是否需要更衣箱钥匙、毛巾等物品，并主动为客人提供服务。

③存物指引：准确记录客人的到达时间、更衣柜号码等信息，并指引客人前往更衣室。

④安全提示：提醒客人注意游泳安全，如不要跳水、不要在非游泳区域游泳等。

⑤应谢绝喝酒过量的宾客，或患有皮肤病的宾客进入游泳池。同时，禁止宾客携带酒精饮料或玻璃饮料进入，进入游泳池区域的宾客，要求进游泳池时须先冲淋，并经过消毒浸脚池。

（3）游泳过程中的服务。

①巡视服务：服务员应不断巡视游泳池区域，关注客人的需求和安全。

②二次推销：当客人使用饮品或毛巾等物品时，适时进行二次推销，如询问客人是否需要续杯、更换毛巾等。

③清洁维护：定期检查游泳池水质，确保水质清洁，清理游泳池边缘的杂物，保持环境整洁。

④客人游泳时，救生员承担着保障客人安全的重要职责，需提前到岗准备，密切观察泳池情况，及时制止违规行为，并在紧急情况下迅速有效地进行救援，确保客人游泳的舒适与安全。对年老体弱者要主动照顾，对于儿童客人，应提醒其家长注意深水区域，以免发生危险。

（4）送客服务。

①收回存物：客人离开时，主动收回存衣柜钥匙，并礼貌地提醒客人检查随身物品是否带齐。

②礼貌道别：用礼貌的语言向客人道别，并欢迎客人下次光临。

（5）注意事项。

①保持专业：在服务过程中，保持专业的态度，避免与客人发生争执或冲突。

②关注安全：始终将客人的安全放在首位，确保游泳池区域的安全无虞。

③尊重隐私：尊重客人的隐私，避免在未经客人同意的情况下拍照或

录像。

④遵守规定：确保客人遵守游泳池的使用规定，如穿着合适的泳衣、不携带违禁品等。

（二）棋牌娱乐室的服务礼仪规范

1. 接待准备

（1）环境准备。

确保棋牌室环境整洁、优雅，灯光适中，空气流通，为客人提供一个舒适的棋牌环境。

（2）设备检查。

检查棋牌桌、椅子、棋牌等是否完好，麻将机等设备是否正常运行，确保客人使用顺畅。

2. 接待服务

（1）热情迎接。

当客人进入棋牌室时，服务员应主动上前迎接，微笑问好，并使用礼貌用语，如"您好，欢迎光临棋牌室"。

（2）引导入座。

服务员应主动引导客人入座，为客人拉开椅子，并询问客人是否满意座位位置。

（3）介绍服务。

向客人介绍棋牌室的收费标准、茶水种类及消费详情，让客人了解服务内容。

3. 棋牌服务

（1）及时服务。

在客人开始棋牌娱乐后，服务员应密切关注客人的需求，及时为客人添加茶水、更换烟缸等。

（2）解答疑问。

对于客人关于棋牌规则、设备使用等方面的疑问，服务员应耐心解答，确保客人愉快地参与棋牌娱乐。

（3）注意事项提醒。

提醒客人注意保持棋牌室的秩序和卫生，不要随意丢弃垃圾，不要大声喧哗等。

4. 结账服务

（1）核对账单。

在客人结束棋牌娱乐后，服务员应核对账单，确保消费金额准确无误。

（2）礼貌道别。

在客人离开棋牌室时，服务员应礼貌道别，并提醒客人带好随身物品，欢迎客人下次光临。

5. 注意事项

（1）保护客人隐私。

在提供服务过程中，服务员应尊重客人的隐私，不要随意窥探或谈论客人的个人信息。

（2）保持专业态度。

服务员应保持专业、热情的服务态度，为客人提供优质的服务体验。

 拓展知识

酒店行业相关的组织

一、立鼎世

立鼎世（The Leading Hotels of the World，LHW）是世界一流酒店组织，成立于1928年，主要是欧洲国家投股，委托美国管理集团进行管理，其总部位于美国纽约，旗下拥有400多家加盟酒店，遍布全球80多个国家。

LHW的会员计划是尊享贵宾会（Leaders Club），该计划为会员提供多种福利和积分使用方式，包括通过FHR（Fine Hotels and Resorts）和Virtuoso等渠道预订酒店。

二、国际金钥匙组织

这是一个起源于法国巴黎的品牌服务组织，自1929年成立以来，已经

拥有近百年的历史。它是全球唯一拥有网络化、个性化、专业化、国际化特色的服务组织。1995年，国际金钥匙组织被正式引入中国，并且迅速覆盖到1 200多家高星级酒店和高档物业，拥有2 000多名金钥匙会员。金钥匙服务已经被国家旅游局列入国家星级饭店标准，体现了其在国内酒店和高档物业服务行业的重要地位。

第二节 旅游岗位服务礼仪

以礼明智

经典传诵

进学解

业精于勤，荒于嬉；行成于思，毁于随。

——《进学解》

经典启示

学业由于勤奋而专精，由于玩乐而荒废；德行由于独立思考而有所成就，由于因循随俗而败坏。

随着旅游业的蓬勃发展，游客对于旅游服务的需求也日益多样化、个性化。在这样的背景下，旅游服务人员更要对自己的工作精益求精，服务过程中礼仪的运用显得尤为重要。它不仅能够提升游客的旅游体验，还能够增强游客对企业的信任感和忠诚度。因此，对于旅游服务人员来说，掌握和运用好礼仪规范，是提升服务质量、实现职业发展的重要途径。

一、旅游服务人员的基本礼仪

（一）着装与仪表

旅游服务人员的着装应整洁、得体，符合企业形象和岗位要求。男士应着西装或制服，女士应着职业套装或制服，避免穿着过于随意或暴露的服装。同时，服务人员应注意个人卫生，保持头发干净、面部清洁，并避免佩戴过多的饰品以及夸张的妆容。

（二）接待礼仪

接待游客时，服务人员应主动上前问候，并使用礼貌用语。在介绍旅游产品或服务时，应耐心细致、清晰明了，避免使用过于复杂或专业的术语。同时，服务人员还应根据游客的需求和兴趣，提供个性化的服务建议，以满足游客的不同需求。

（三）沟通礼仪

在与游客沟通时，服务人员应保持微笑、眼神交流，并倾听游客的意见和建议。对于游客的问题和疑虑，服务人员应耐心解答、积极回应，避免冷漠或敷衍的态度。同时，服务人员还应注意语速和语调，过快或过慢、过高或过低的语调会给游客带来不适。

二、旅游服务人员在特定场合的礼仪运用

在旅游行业中，服务人员的礼仪运用是确保游客满意度和营造良好旅游

氛围的关键。而在不同的特定场合下，旅游服务人员需要展现出不同的礼仪规范，以满足不同游客的需求和期望。

（一）团队接待中的礼仪运用

1. 准备工作

在团队接待前，服务人员应充分了解团队的基本信息，包括人数、性别比例、年龄层次、文化背景等。根据团队的特点和需求，提前安排好住宿、餐饮、交通等事项，并准备好必要的资料和设备。

2. 接待过程

在团队到达时，服务人员应主动上前迎接，并使用礼貌用语向团队成员致以问候。在介绍旅游行程和注意事项时，应耐心细致、清晰明了地讲解，避免使用过于复杂或专业的术语。同时，服务人员还应关注团队成员的反馈和互动，及时调整行程安排和服务内容。

3. 团队服务

在团队游览过程中，服务人员应全程陪同，确保团队成员的安全和舒适度。在景点讲解时，服务人员应根据团队成员的兴趣和关注点进行个性化讲解，让游客充分感受到景点的魅力和文化内涵。同时，服务人员还应关注团队成员的需求和意见，及时提供帮助和支持。

4. 团队告别

在团队结束游览后，服务人员应主动与团队成员告别，并感谢他们的参与和支持。同时，服务人员还应收集团队成员的反馈和建议，以便不断改进和提升服务质量。

（二）景区讲解中的礼仪运用

1. 准备工作

在讲解前，服务人员应充分了解景区的历史、文化和特色，并准备好讲解词和必要的辅助设备。同时，服务人员还应关注天气变化和游客的身体状况，确保讲解活动的顺利进行。

2. 讲解过程

服务人员应使用生动、有趣的语言，结合景点的实际情况进行讲解。同时，服务人员还应关注游客的反馈和互动，及时调整讲解内容和方式。在讲解过程中，服务人员应避免使用过于复杂或专业的术语，以确保游客能够充分理解和感受到景点的魅力与文化内涵。

3. 游客互动

在讲解过程中，服务人员应鼓励游客提问和互动，以增强游客的参与感和体验感。对于游客的问题和疑虑，服务人员应耐心解答、积极回应，避免冷漠或敷衍的态度。同时，服务人员还应注意与游客保持良好的眼神交流和微笑服务，以营造轻松愉快的氛围。

4. 讲解结束

在讲解结束后，服务人员应感谢游客的聆听和参与，并鼓励游客在游览过程中继续探索和发现。同时，服务人员还应收集游客的反馈和建议，以便不断改进和提升讲解质量。

（三）餐饮服务中的礼仪运用

1. 准备工作

在餐饮服务前，导游人员应充分了解游客的饮食习惯和口味偏好，并提前和餐厅联系准备好符合游客需求的菜品和饮料。同时，导游人员还应检查餐厅的卫生状况，确保游客的用餐安全和舒适度。

2. 接待过程

在游客到达餐厅时，导游人员在餐厅服务员的带领下引导游客入座，导游人员应关注游客的需求和舒适度，提供必要的帮助和支持。同时，导游人员还应及时协助餐厅服务员为游客提供餐具、饮料等服务，并解答游客的疑问和需求。

3. 用餐服务

在用餐过程中，导游人员应关注游客的用餐体验，及时协助餐厅服务员为游客提供菜品和饮料等服务。同时，服务人员还应注意餐桌礼仪和卫生习惯，避免对游客造成不适或干扰。对于游客的特殊需求或要求，服务人员应耐心解答、积极回应，并尽量满足游客的合理需求。

4. 餐后服务

在用餐结束后，导游人员应及时协助餐厅服务员为游客提供餐后饮品或水果等服务，并感谢游客的用餐和支持，感谢餐厅服务人员的服务。同时，导游人员还应检查餐厅的卫生状况，确保下次用餐的顺利进行。

5. 紧急事件处理中的礼仪运用

（1）保持冷静。

在紧急事件发生时，服务人员应保持冷静和镇定，避免过度惊慌或失态。同时，服务人员还应及时评估事件的影响范围和紧急程度，制定合理有效的应对方案。

（2）及时报告。

在紧急事件发生后，服务人员应及时向上级或相关部门报告事件的情况和进展。同时，服务人员还应积极与游客沟通、解释情况，并安抚游客的情绪和疑虑。

（3）提供帮助。

在紧急事件处理过程中，服务人员应为游客提供必要的帮助和支持。对于受伤或受惊的游客，服务人员应及时提供医疗救助或心理疏导等服务。同时，服务人员还应关注游客的安全和舒适度，确保游客在紧急事件中得到妥善的照顾和安排。

（4）总结反思。

在紧急事件处理结束后，服务人员应及时总结经验教训，分析事件的原因和不足之处，并提出改进措施和建议。通过不断反思和改进，服务人员可以提高应对紧急事件的能力和水平,以便为游客提供更好的服务。

旅游服务人员的礼仪运用在旅游行业中具有极其重要的地位。通过规范的礼仪运用,服务人员能够提升服务质量、塑造企业形象、增强游客信任感、为旅游行业的发展做出贡献。因此,对于旅游服务人员来说,掌握和运用好礼仪规范是提升职业素养、实现职业发展的重要途径。同时,企业也应加强对服务人员的礼仪培训和管理,确保服务质量的不断提升。

课后练习

一、案例分析题

(一)酒店岗位案例

张先生因出差,预定了市中心的一家五星级酒店,他到达酒店准备办理入住手续。

前厅接待员小李微笑着迎接张先生,并礼貌地请他出示身份证件和信用卡以办理入住。在操作过程中,张先生发现他的手机显示无服务,无法通过手机刷卡来完成入住手续。小李看到张先生的困扰,立即主动询问情况,在得知是张先生的手机出现问题后,她建议张先生尝试重启手机或检查手机设置。同时,她提醒张先生,如果问题依旧存在,酒店可以协助他联系手机运营商或提供其他解决方案。

在张先生尝试多种方法后,手机问题仍未解决。小李呼叫了前厅的值班经理王经理,王经理迅速赶到现场,了解情况后,他建议张先生使用酒店的备用电话联系手机运营商,并提供了一些可能的解决方案。在张先生与手机运营商沟通的过程中,王经理始终陪伴在旁,确保沟通顺畅。他详细记录了运营商的建议和解决方案,并耐心地向张先生解释每一步操作。经过一段时间的沟通,手机问题最终得到了解决。手机问题解决后,张先生顺利地完成了入住手续办理。

张先生对酒店的服务表示非常满意,并向小李和王经理表达了深深的感谢。

他称赞道:"你们的服务真是周到细致,遇到问题能够迅速解决,让我感受到了家的温暖。下次我一定还会选择这家酒店。"

小李和王经理听后,也感到十分高兴和自豪。他们知道,正是他们团队的努力和专业,才让客人有了如此愉快的体验。他们表示,会继续努力,为每一位客人提供最优质的服务。

请问你在案例中学到了什么?案例中酒店人员做得好的地方体现在哪里?

(二)旅游岗位案例

李燕是一名导游,带领游客去用第一餐,在礼仪方面,应该注意哪些事项?

二、要点巩固

(一)判断题

(1)前厅接待员在接待客人时,可以边接待边与同事闲聊。( )

(2)在餐厅中,服务员可以在客人面前随意品尝食物。( )

(3)为客户服务中,即使遇到无理取闹的客人,也应保持礼貌和耐心。( )

(4)在康乐服务中,服务人员可以随意打断客人的谈话。( )

(5)客房服务员在未经客人允许的情况下,可以直接进入客人房间进行清洁服务。( )

(6)景区工作人员在接待游客时,应始终保持微笑,并主动问候游客,展现友好的服务态度。( )

(7)景区内应设置明显的指示牌和导览图,以方便游客了解景区布局和游览路线。( )

(8)景区工作人员在解答游客问题时,可以随意打断游客的发言,以快速给出答案。( )

(9)景区内应提供充足的休息设施和卫生间,并确保其清洁。( )

(10)在景区高峰期,为了提高游览效率,工作人员可以引导游客跳过某

些景点。（　　）

（二）单选题

（1）在餐厅服务中，以下哪个做法符合酒店岗位礼仪规范？（　　）

  A.服务员为客人倒酒时，从客人的左侧倒酒

  B.服务员在客人点餐时，主动推荐高利润菜品

  C.服务员在引领客人入座时，使用明确的手势和指示

  D.客人对菜品提出疑问时，服务员迅速回答但语气不耐烦

（2）导游在带团过程中，对老年游客应该特别注意哪项礼仪？（　　）

  A.鼓励老年游客多参与团队活动

  B.提醒老年游客注意个人安全，避免走失

  C.强制老年游客参加所有的团队活动

  D.对老年游客的提问不耐烦地回答

（三）多选题

（1）在前厅服务中，以下哪些行为符合酒店岗位礼仪规范？（　　）

  A.客人进入酒店大堂时，前台接待员立即起身迎接

  B.客人询问时，前台接待员迅速回答，但语气冷淡

  C.客人要求转接电话时，前台接待员未确认来电方的姓名和身份

  D.前台接待员在为客人办理入住手续时，保持微笑和礼貌的态度

（2）在客房服务中，以下哪些行为是正确的？（　　）

  A.客房服务员在进入客房前，先敲门并通报自己的身份

  B.客人要求额外的毛巾时，客房服务员告诉客人需要等待

  C.整理客房时，客房服务员随意翻动客人的私人物品

  D.客房服务员在房间内遇到客人时，询问客人是否需要帮助

（3）在餐厅服务中，以下哪些行为体现了良好的酒店岗位礼仪规范？（　　）

  A.客人进入餐厅时，服务员立即上前问候并引导入座

  B.客人点餐时，服务员低头玩手机，没有认真倾听

C. 服务员为客人上菜时，详细解释每道菜的特色和烹饪方法

D. 客人用餐完毕后，服务员主动询问是否需要打包剩余食物

（4）导游在带团过程中，应该遵守哪些基本的礼仪规范？（　　）

A. 准时出发，不迟到

B. 穿着得体，整洁大方

C. 始终保持微笑，热情服务

D. 随意更改行程安排

（5）导游在与游客沟通时，以下哪些沟通技巧是有效的？（　　）

A. 使用清晰、易懂的语言

B. 倾听游客的需求和意见

C. 频繁打断游客的发言

D. 给予游客积极的反馈

（6）景区服务人员在解答游客问题时，应注意哪些礼仪？（　　）

A. 耐心倾听游客的问题

B. 快速给出答案，不考虑游客的理解能力

C. 使用清晰、易懂的语言

D. 对游客的提问置之不理

（7）景区服务人员在接待游客时，以下哪些行为体现了良好的礼仪？（　　）

A. 始终保持微笑，主动问候游客

B. 随意与游客开玩笑，营造轻松氛围

C. 耐心解答游客问题，保持礼貌态度

D. 对游客的投诉置之不理，继续服务其他游客

三、实践训练

1. 去景区、旅行社或酒店实践，根据自己的工作岗位，运用学过的礼仪知识，对自己的行为进行复盘，找出不足的地方，进行提升。

2.作为前厅接待员,当遇到一位手持行李、急匆匆进入酒店的客人时,你应如何按照前厅服务礼仪规范进行接待?

3.在酒店中餐厅服务中,如果一位客人点餐后发现其中有一道菜并非其预期中的菜品,作为餐厅服务员,你应该如何妥善处理?

4.在酒店西餐厅中,作为服务员,你应该如何按照服务礼仪规范为一位刚入座的外国客人提供服务?

参考答案

参考文献

[1] 李成，李章鹏，王涛. 酒店职业礼仪[M]. 北京：清华大学出版社，2017.

[2] 张斌，王伟. 中国金钥匙服务哲学[M]. 北京：五洲传播出版社，2017.

[3] 张岩松. 现代交际礼仪[M]. 北京：清华大学出版社，北京交通大学出版社，2008.

[4] 王烨. 中国古代礼仪[M]. 北京：中国商业出版社，2015.

[5] 纪亚飞. 新时代服务礼仪[M]. 北京：中国纺织出版社，2023.

[6] 金正昆. 礼仪金说：公务礼仪[M]. 北京：北京联合出版公司，2019.

[7] 寿韶峰. 礼尚往来[M]. 上海：上海交通大学出版社，2023.

[8] 罗栖. 礼仪文化十讲[M]. 北京：当代世界出版社，2018.

[9] 刘一达. 中国人的规矩[M]. 北京：东方出版社，2021.

[10] 李世化. 商务宴请礼仪规范[M]. 北京：企业管理出版社，2015.

[11] 夏志强. 图解礼仪常识全知道[M]. 北京：中国华侨出版社，2017.

[12] 中国旅游饭店业协会. 中国饭店行业服务礼仪规范（试行）[M]. 北京：旅游教育出版社，2007.

[13] 李亚妮，陈美卉，莫小红. 形体与礼仪教程[M]. 青岛：中国海洋大学出版社，2014.

[14] 靳斓. 新版商务礼仪[M]. 北京：中国经济出版社，2023.

[15] 杨雅蓉. 高端商务礼仪：快速成为职场沟通达人[M]. 北京：化学工业出版社，2021.

[16] 刘慧滢. 中国式礼仪[M]. 北京：华龄出版社，2022.

[17] 靳斓. 服务礼仪与服务技巧[M]. 北京：中国经济出版社，2018.

[18] 马春莲，王震，戴明. 实用商务礼仪[M]. 北京：化学工业出版社，2015.

[19] 吕艳芝，冯楠，蔡晓宇. 社交礼仪培训全书[M]. 视频版. 北京：中国纺织出版有限公司，2022.

[20] 夏志强. 图解礼仪常识全知道[M]. 全彩图解典藏版. 北京：中国华侨出版社，2017.

[21] 北条久美子. 商务礼仪解剖图鉴[M]. 郝皓，译. 南京：江苏凤凰文艺出版社，2018.

[22] 魏红. 社交与职场礼仪[M]. 高教版. 北京：科学出版社，2018.